JOÃ

SIGNOS
COM QUEM VOCÊ
COMBINA?

ELEMENTO
SECRETO

Este livro foi revisado segundo o Novo Acordo Ortográfico
da Língua Portuguesa.

Produção editorial Aline Santos, Bárbara Gatti, Bruna Villela, Fernanda Costa, Fernanda Villas Bôas, Jaqueline Lopes, José Cleto, Luiza Marcondes, Mariana Rodrigueiro, Natália Ortega, Renan Oliveira e Tâmizi Ribeiro
Capa Marina Avila
Fotos capa Celso Melani
Ilustrações Shutterstock Images

Dados Internacionais de Catalogação na Publicação (CIP)
Angélica Ilacqua CRB-8/7057

J58c João Bidu, 1947-
Signos: Com quem você combina? / João Bidu. — Bauru,
SP : Elemento Secreto, 2021.
176 p.

ISBN: 978-85-8246-933-0

1. Astrologia 2. Signos 3. Zodíacos I. Título

20-4201 CDD 133.52

Índice para catálogo sistemático:
1. Astrologia 133.52

ELEMENTO SECRETO

ELEMENTO SECRETO É UM
SELO DA ASTRAL CULTURAL.

BAURU
Av. Duque de Caxias, 11-70
CEP 17012-151 - 8º andar
Telefone: (14) 3235-3878
Fax: (14) 3235-3879

SÃO PAULO
Rua Helena, 140, Sala 13
1º andar, Vila Olímpia
CEP 04552-050
Telefone: (11) 3048-2900

E-mail: contato@astralcultural.com.br

A ARTE DO ENCONTRO

Resolvi escrever um livro de combinações entre os signos porque este é um dos assuntos mais comentados pelos leitores (opa, leitoras, que formam 95% ou mais do meu público) das revistas astrológicas da Editora Alto Astral e pelos internautas que acompanham meu trabalho em diferentes plataformas: portal João Bidu, fanpage de João Bidu no Facebook, canal de João Bidu no YouTube e perfil de João Bidu no Instagram. As pessoas querem saber se Touro combina com Sagitário, e se Gêmeos e Capricórnio têm ou não algo em comum...

Quando penso em combinações entre os signos, me lembro do poeta Vinicius de Moraes, libriano inteligente e sensível, que disse uma vez, com muita propriedade, uma frase que adoro repetir: "A vida é a arte do encontro, embora haja tantos desencontros pela vida".

É isso mesmo: todos os dias, as pessoas estão se esbarrando pelas esquinas da vida, mas nem sempre conseguem se conectar como gostariam. Isso porque a arte do encontro exige energia, boa vontade, flexibilidade e poder de iniciativa. Sem isso, os desencontros atropelam tudo, enterrando as chances de uniões, parcerias ou amizades afinadas, arrojadas e cheias de alto-astral.

Então, você já entendeu: este livro celebra a arte do encontro e, ao mesmo tempo, procura aparar as arestas dos desencontros. Meu objetivo é que você se conheça melhor por meio do seu signo e fique por dentro das melhores combinações no amor (incluindo paquera, romance e sexo), no trabalho e nas amizades.

É tudo um mar de rosas? Não mesmo! Na roda zodiacal, há signos que compartilham grandes afinidades e outros que amargam profundas diferenças: isso faz parte da natureza humana. Mas, como o segredo da harmonia é o equilíbrio, você vai descobrir que um signo incompatível no amor pode ser compatível no sexo, por exemplo. E que um signo desfavorável como parceiro profissional pode, de repente, tornar-se um bom amigo.

Ao longo do livro, dou alguns conselhos para que os encontros superem os desencontros. E como faço isso? Tentando ajudar você a valorizar as qualidades e a disfarçar os defeitinhos do seu signo, afinal, a Astrologia, essa maravilhosa ferramenta de autoconhecimento, permite isso: expandir nossas luzes para iluminar nossas sombras, valeu?

OS SIGNOS E EU

Como já mencionado, edito minhas revistas pela Alto Astral, a editora que fundei em 1986 com meu sócio Pedro José Chiquito em Bauru, minha cidade natal, a qual eu costumo me referir como "a cidade mais gostosa do Brasil" — apesar de quente pra dedéu — localizada no coração do Estado de São Paulo. A editora começou com revistas astrológicas, mas cresceu demais, ampliou seus títulos e segmentos de atuação, e hoje atende por Grupo Alto Astral, que engloba Editora Alto Astral (revistas), Astral Digital (conteúdo digital) e Astral Cultural (livros). Por que estou contando tudo isso? Porque, ao longo desses mais de 30 anos, venho convivendo com colaboradores de todos os signos! Com alguns, a combinação foi e é excelente; com outros, os contatos exigiram (e ainda exigem) disposição e empenho das duas partes.

Isso significa que nem sempre podemos escolher com quem vamos nos relacionar, sobretudo no meio profissional. Muitas vezes, há dobradinhas tensas no trabalho e precisamos encontrar um ponto de apoio, já que a convivência é inevitável.

O mais surpreendente é que, no terreno da paixão, pode ser assim também! Vamos pegar minha história como exemplo. Sou do signo de Escorpião e minha primeira mulher, a saudosa Dejanira, mãe dos meus filhos João Carlos e Angélica, era geminiana. Qualquer astrólogo apontaria dificuldades nesse relacionamento amoroso e, se eu fosse seguir as compatibilidades astrológicas, deveria ter me casado com uma pisciana ou uma taurina... Mas eu me apaixonei por uma geminiana, gente! E, com ela, construí uma linda família. Dejanira e eu acabamos nos separando alguns anos mais tarde, mas nunca deixamos de ser ótimos amigos.

E hoje? Hoje, sou casado com uma leonina, minha amada Inês. Escorpião e Leão têm personalidades fortes e costumam enfrentar embates no romance, mas quem é que manda nos desejos do coração? Embora a gente se estranhe às vezes (raramente, é bom que se diga!), estamos sempre regando essa união para que ela continue florida e perfumada.

É este o recado que quero deixar: ao longo da sua vida, você pode se conectar com um signo compatível com o seu, e será tudo uma belezinha, azul da cor do céu! Mas também pode se aproximar de um signo com uma visão de mundo totalmente diferente da sua. Talvez enfrentem tempestades ao longo do caminho, mas poderão permanecer juntos se exercitarem a tolerância, o jogo de cintura e a capacidade de renovar as esperanças dia após dia.

Ah! Durante a leitura deste livro, aproveite para visitar minhas redes sociais: lá, tem muito conteúdo bacana para você aprofundar seus conhecimentos sobre Astrologia, essa ciência mágica que me conquistou há mais de 40 anos, e que até hoje fascina e desperta a curiosidade de tanta gente!

Boa leitura.

SUMÁRIO

ÁRIES

21/03 – 20/04

ÁRIES, VOCÊ É ASSIM...

O primeiro signo do Zodíaco guarda no coração a energia da estreia. Não é por acaso que Áries é vibrante, arrojado, atrevido, despachado, carismático, contagiante. Gosta de vencer, de liderar, de viver com intensidade! Tem um pouco de super-herói no comportamento, já que não foge dos inimigos e revela altas doses de coragem, de força e de ousadia. Sua missão é abrir caminho! E inspirar quem estiver ao seu lado a agir com paixão, calor e vontade!

5 PONTOS POSITIVOS

1. Dá o primeiro passo.
2. A coragem é admirável!
3. Sabe ser livre.
4. Rapidíssimo no gatilho.
5. Não sabe o que é medo.

5 PONTOS NEGATIVOS

1. É muito impaciente.
2. É egoísta às vezes.
3. Não breca a agressividade.
4. Para que tanto orgulho?
5. É craque em teimosia.

FRASE DIVERTIDA DO SIGNO

"Sai da frente que eu tô passando!"

A PERSONALIDADE DE ÁRIES

O primeiro signo do Zodíaco carrega o seguinte lema: "A vida é curta e o tempo voa!". Por isso, você vive com pressa: é como se tivesse um motor turbinado nos pés. Suas decisões são rápidas e sua sede de liderar é imensa. Áries quer dominar o romance, ditar as regras em família e também chefiar a equipe de trabalho. Tem opiniões firmes, mas precipitadas, porque a cautela, definitivamente, não está entre as suas principais qualidades... Como seu raciocínio é veloz e a impulsividade governa suas ações, as palavras saem da sua boca como se estivessem na Corrida Internacional de São Silvestre!

Falando em São Silvestre, não há nada mais maravilhoso para Áries do que vencer. Você quer vencer na carreira, no amor, nas finanças e na vida social. Sonha com reconhecimento profissional, romance quente, um carrão na garagem e admiração dos amigos, dos parentes e dos conhecidos, afinal, Áries não veio ao mundo para brincar, certo?

Assim como seu elemento, o Fogo, você tem uma personalidade exuberante e carismática. Seu signo é independente e revela uma coragem extraordinária, muito parecida com a dos super-heróis. Ainda que não use capa no dia a dia, você enfrenta os problemas de coração aberto e não foge dos desafios, mesmo que tome algumas rasteiras da vida de vez em quando.

A INFLUÊNCIA DE MARTE E A SUA MISSÃO

Todo esse poder vem de Marte, o planeta regente do seu signo. No dia em que você nasceu, esse astro lhe reservou alguns presentes: a agilidade, a valentia, o entusiasmo, o carisma, o pique e o espírito guerreiro. O planeta vermelho também abençoa os arianos com a sede de competir: onde houver uma disputa, Áries estará lá para lutar pelo prêmio principal.

Essa garra, aliada aos presentes de Marte, soma-se à sua missão, que é fazer a semeadura. Cabe a você tomar a iniciativa, abrir o caminho, subir o primeiro degrau, tanto na vida pessoal como na profissional. Essa energia é uma inspiração para quem estiver ao seu lado. Portanto, use-a sem moderação, valeu?

RESUMINDO...

- **Palavra de ordem:** liderança
- **Alegra seu coração:** ouvir um elogio
- **Tira você do sério:** gente falsa
- **É muito importante:** lutar pelo que quer
- **Não é fácil, mas é preciso:** admitir um erro
- **Não existe, mas bem que poderia:** carro na velocidade da luz

ÁRIES E A PAQUERA

Como não tem tempo a perder, você não protela na hora de se declarar a alguém. Dá um jeito de se aproximar do seu alvo e derramar suas intenções, que são sempre sinceras. A paquera correspondeu? Ótimo, você segue firme no seu plano de conquista. Nem ligou? Ótimo também, porque Áries é o signo que melhor pratica aquela verdade universal: "a fila anda!".

É isso mesmo: se a pessoa desejada não estiver interessada no seu amor, você não sofre para tirar o time de campo. De um jeito objetivo, Áries se afasta e começa a buscar um novo alvo para atracar seu coração. Sem neura, sem crise, sem remorso.

Por isso mesmo, indiretas e rodeios na paquera não funcionam para você. Seu discurso é focado, e seus propósitos são claros, transparentes. Enrolação também não entra na sua receita. Se a pessoa desejada demorar muito para se decidir, você perde a paciência e se afasta. Gente lerda não tem vez no seu roteiro romântico, Áries.

METEORO DA PAIXÃO

Mas tem um probleminha: Áries sofre da "síndrome da paixão desenfreada". Como esse signo é muito intenso, julga-se sempre perdidamente apaixonado, mesmo que o lance não passe de um rolinho, uma paquerinha. Por isso, ao longo da vida, você pode se apaixonar e se desapaixonar várias vezes, até encontrar a tampa da sua panela.

QUEM FATURA O CORAÇÃO DE ÁRIES?

Uma pessoa com apetite pela vida: animada, divertida, festeira, alto-astral. Alguém que use a criatividade para transformar a relação em uma eterna aventura. Seu par ideal deve gostar de conversar e ter pique para conhecer coisas e emoções novas. Ah! Esse par também não pode se importar com o fato de que Áries, quase sempre, é o xerife do romance.

COMBINAÇÕES NA PAQUERA

ÁRIES E ÁRIES	Vocês experimentam uma identificação imediata quando começam a paquerar. São animados e têm gostos parecidos. Mas podem se tornar competitivos também. E isso fecha o tempo...
ÁRIES E TOURO	Existe uma vontade irresistível de ficar junto logo nos primeiros encontros. Mas, com o tempo, as grandes diferenças entre vocês aparecem e isso pode ameaçar um futuro comum.
ÁRIES E GÊMEOS	Os dois são acelerados e falam a mesma língua. Quando estão juntos, nem veem o tempo passar, porque os papos são alegres e cativantes. É uma paquera que evolui para romance, sim.
ÁRIES E CÂNCER	A paixão desponta fácil: Áries encontra aconchego em Câncer, e Câncer adora a vitalidade de Áries. Mas o amor canceriano é ciumento e o par ariano não sabe lidar com isso.
ÁRIES E LEÃO	Quando dois signos poderosos se esbarram nas esquinas da vida, a paixão flui de um jeito meteórico. Vocês transformam esse lance em uma montanha-russa recheada de aventuras.
ÁRIES E VIRGEM	Como são bem diferentes, uma inquietação e uma curiosidade se instalam na paquera: é como se um quisesse decifrar o outro. Mas vivem em mundos opostos e isso desgasta a paixão.
ÁRIES E LIBRA	No começo, Libra se incomoda com a "eletricidade" de Áries. E Áries acha que falta a Libra mais poder de decisão. Se superarem esse desequilíbrio inicial, podem virar namorados.
ÁRIES E ESCORPIÃO	Os primeiros contatos são explosivos! O combustível dos dois é a paixão, por isso o engate é imediato. Mas Escorpião sente muito ciúme e isso é um fardo para Áries.
ÁRIES E SAGITÁRIO	Que delícia de paquera! Como vocês têm mil coisas em comum, a parceria desabrocha naturalmente. Os dois são fogosos e vibrantes. E Sagitário ensina lições de vida para Áries.
ÁRIES E CAPRICÓRNIO	Áries adora a sensualidade de Capricórnio. Esse signo, por sua vez, acha a disposição ariana uma coisa arrebatadora. Mas um quer mandar no outro, o que compromete a sintonia.
ÁRIES E AQUÁRIO	Quando descobrem coisas em comum, o amor cresce que nem fermento! Podem se entender bem na paquera, até porque os dois são criativos e sabem temperar o namoro com novidades.
ÁRIES E PEIXES	Os contrastes de personalidade pesam demais. Peixes é sensível, e a abordagem de Áries é brusca, quase agressiva. Esse conflito aparece logo, melando a paquera. Bem difícil.

ÁRIES E O ROMANCE

Áries é um par envolvente e caloroso quando assume um romance. Sob as bênçãos do amor, a vida fica ainda mais colorida, por isso você não economiza demonstrações de afeto: adora encher seu par de carinhos e agitar a rotina com programas diferentes.

Está certo que você prefere permanecer no comando na vida a dois, o que pode estressar a pessoa amada. Então, para evitar crises conjugais, cabe a Áries agir com mais diplomacia no dia a dia do relacionamento. Não é uma tarefa muito fácil, mas o treino pode fazer milagres para a sua relação, viu?

Aviso importante: o jeito explosivo de Áries, que é regido pelo Fogo, leva esse signo a inflamar as coisas à sua volta. No romance, isso se manifesta quando você idealiza a pessoa amada, apagando seus defeitos e só enxergando as qualidades. Tomar consciência dessa tendência ao exagero é importante para que as discussões e as diferenças de opinião sejam gatilhos para a relação amadurecer e se estabilizar, e não para você se frustrar e emburrar, ok?

E SE CHEGAR AO FIM?

Não deu certo o namoro ou o casamento? A primeira atitude ariana é se afastar de tudo e de todos para pensar nessa ruptura e tentar entender melhor o momento em que as coisas começaram a desandar. Mas, quando a poeira assenta, você recarrega as baterias do otimismo e se prepara para amar de novo.

ÁRIES E A INFIDELIDADE

Se descobrir uma traição, sua reação inicial é soltar os cachorros em cima do seu par! Mas sangue quente também esfria, por isso, depois de um tempo, você até volta a conversar com seu ex-amor, embora dificilmente o perdoe. E se a coisa se inverter? Se a união estiver desgastada, Áries pode ser infiel, sim.

COMBINAÇÕES NO ROMANCE

ÁRIES E ÁRIES	Embora sejam intensos e cheios de paixão, são impulsivos e falam sem pensar, porque falta breque na língua. É um romance bem quente, mas cercado de tretas por todos os lados.
ÁRIES E TOURO	O que falta a essa dupla é cumplicidade. O jeito ousado de Áries deixa Touro nervoso, que acaba transformando sua insegurança em ataque de ciúme. Tudo isso pode minar o romance.
ÁRIES E GÊMEOS	Gêmeos curte o jeito atirado de Áries: rola uma sintonia maravilhosa! Como o amor pode brotar com o convívio, não é raro que o relacionamento afetivo nasça de uma amizade.
ÁRIES E CÂNCER	Um se sente muito atraído pelo outro. Mas Câncer tende a depender demais de Áries, o que esgota a paciência ariana. E isso, infelizmente, abre caminho para os atritos.
ÁRIES E LEÃO	Esse romance promete! Além de Leão ser o *paraíso astral* de Áries, ambos são divertidos e ligados no 220. Mas o gênio forte dos dois pode atrapalhar: sejam menos impulsivos.
ÁRIES E VIRGEM	A energia virginiana é para dentro, enquanto a energia ariana é para fora. Esse desajuste pega no romance! Além disso, Virgem tende a estranhar a alegria exagerada de Áries.
ÁRIES E LIBRA	Tudo bem que não têm tantos pontos em comum, mas não é que acabam se completando? Se Áries não se estressar com a falta de objetividade libriana, essa relação vira casamento!
ÁRIES E ESCORPIÃO	Chuvas e trovoadas rondam esse romance. Para funcionar, precisam partilhar altas doses de amor e confiança. O problema é que os dois são esquentadinhos, o que dificulta tudo.
ÁRIES E SAGITÁRIO	Formam um casal bastante afinado! Gostam das mesmas coisas e vivem de um jeito intenso, porque amam se entregar a tudo a que se dedicam. O bom humor de Sagitário fascina Áries.
ÁRIES E CAPRICÓRNIO	Enquanto Capricórnio sonha com uma relação amorosa firme, Áries prefere experimentar as emoções de cada momento. Essa diferença de perspectiva pode condenar o lance. Uma pena.
ÁRIES E AQUÁRIO	Esse romance tem tudo para emplacar. Áries admira a capacidade mental de Aquário. E, para o par aquariano, Áries é uma usina de energia. Além de amantes, são grandes amigos.
ÁRIES E PEIXES	Peixes tem humor instável e isso rouba a tolerância de Áries, que precisa moderar seu temperamento para não ferir a sensibilidade pisciana. Só se acertam com muito, muito amor.

ÁRIES E O SEXO

Sexo, para você, é uma parte essencial do romance. Por isso, para o relacionamento afetivo decolar, a afinidade sexual precisa estar sempre presente e ser pulsante — sem isso, nada feito. Sua satisfação bate no teto quando a pessoa amada encara a intimidade assim como você: um prolongamento natural dos carinhos, que pode rolar a qualquer hora e em qualquer lugar.

Assim, fazer amor em cima da máquina de lavar será tão prazeroso quanto em um delicioso hotel cinco estrelas: tudo vai depender do clima, da oportunidade, do desejo. O importante é obedecer aos instintos e riscar da rotina o sexo com hora marcada: não há nada mais desanimador para Áries do que isso.

Para turbinar a velocidade do seu tesão, seu par deve acariciar a parte interna das coxas, as costas e a nuca, regiões supersensíveis do seu corpo. Claro que sua posição sexual preferida é aquela em que você assume o papel dominante.

TOQUE QUENTE

Uma dica: você adora rapidinhas, aquelas transas inesperadas com gostinho de aventura. Mas quase não tem paciência para as preliminares por conta da sua natural ansiedade. Que tal dar uma repaginada no seu script? Sim, porque dispensar as preliminares é puro desperdício de prazer, Áries!

NO MUNDO DAS FANTASIAS

Fantasias sexuais fazem parte do seu jeito fogoso e extrovertido. Como a timidez passa longe do seu temperamento, trajes que inspiram autoridade (bombeiro, policial, enfermeira) mexem com sua libido. A criatividade precisa estar presente para movimentar a paixão. Isso inclui os acessórios, como as algemas e os óleos corporais. Uau!

COMBINAÇÕES NO SEXO

ÁRIES E ÁRIES	Como o ritmo é idêntico, a vida sexual tende a ser um sucesso. Vocês dois têm desejo e pique para transar e inovar a cada experiência. É aquela coisa: um levanta, o outro corta.
ÁRIES E TOURO	Se rolam problemas no amor, vocês compensam na cama. A sedução taurina deixa o par ariano sem fôlego. Acontece que essa sintonia pode não funcionar longe dos lençóis...
ÁRIES E GÊMEOS	O calor e a impetuosidade de Áries deixam Gêmeos rendido na intimidade. Porém, o desejo de Áries não tem freio, e Gêmeos fica meio alarmado com isso. Mas é algo que se resolve.
ÁRIES E CÂNCER	Como Câncer quase nunca separa amor de sexo, Áries pode considerar essa paixão uma espécie de prisão e até dar no pé! Essa reação ariana é uma decepção e tanto para Câncer.
ÁRIES E LEÃO	Vocês dois são criativos na hora H e se entendem de um jeito muito fácil. É como se fossem velhos amantes, ainda que estejam no segundo ou terceiro encontro. Uma loucura!
ÁRIES E VIRGEM	As primeiras transas parecem um pouco travadas. É porque Virgem demora para se soltar. Mas, se o par de Áries for paciente, vai se surpreender com a performance virginiana.
ÁRIES E LIBRA	Cabe a Áries imprimir o ritmo no sexo. Libra vibra com a intensidade do ato e corresponde à altura. As preliminares são necessárias, pois ajudam Libra a liberar seu erotismo.
ÁRIES E ESCORPIÃO	Se fora da cama rola um estresse aqui e outro ali, sexualmente vocês nasceram um para o outro. São ardentes, insaciáveis e envolventes. A química é um arraso de tão perfeita!
ÁRIES E SAGITÁRIO	O sexo é uma parte importante da vida de vocês e, quando há sintonia, como nessa combinação, o resultado é fantástico. Um sabe direitinho como proporcionar prazer ao outro.
ÁRIES E CAPRICÓRNIO	Capricórnio é cauteloso e isso tira Áries do sério. Mas, se insistirem um pouco, esse lance dá samba, porque a sensualidade capricorniana deixa o par ariano de queixo caído!
ÁRIES E AQUÁRIO	Áries tem pressa entre quatro paredes, enquanto Aquário prefere apreciar o momento, provar cada sensação... Mas como a criatividade aquariana é gigante, tudo se ajusta, viu?
ÁRIES E PEIXES	Fora da cama, a braveza de Áries deixa Peixes assustado e em alerta. Mas, na hora do amor, a atração toma conta desses signos e define o entrosamento. Combinação interessante.

ÁRIES E AS AMIZADES

Sua amizade é uma espécie de troféu: você é leal, sincero(a), parceiro(a) e sabe valorizar a companhia das pessoas que quer bem. Mas tem um probleminha: a honestidade ariana. Claro que falar a verdade é sempre uma virtude, mas um pouco de jogo de cintura não faz mal a ninguém, viu?

Um exemplo: a make e o penteado daquela colega não funcionaram? Em vez de dizer isso com todas as letras, que tal sugerir uma cor nova de batom? Ou se oferecer para ajeitar o cabelo dela do jeito que você acha que ficaria melhor? São pequenas atitudes que minimizam o risco de a colega se magoar diante da artilharia pesada que é a sua sinceridade...

Por outro lado, seu compromisso com a verdade é muito nobre. Gente falsa é uma ofensa à natureza ariana, porque você considera que mentira e fingimento só servem para desagregar as pessoas. Ora, como Áries tem uma personalidade bastante aberta e adora estar no meio de outras pessoas, a conduta dissimulada é vista por você como um tremendo vacilo, quase um pecado!

FELIZ ANIVERSÁRIO!

Áries faz questão de comemorar o aniversário com familiares e amigos queridos. Quanto mais gente (e mais agito), melhor! Um barzinho, uma pizzaria ou uma churrascaria são opções bacanas, porque permitem que você celebre a data do jeito ideal: entre as pessoas que têm cadeira cativa no seu coração.

E A PEDRA NO SAPATO?

A pedra no seu sapato é Peixes, o signo que representa seu *inferno astral*. Como vocês são muito diferentes, não é raro rolarem algumas tretas. Peixes considera Áries um signo rude, ríspido. E, na opinião de Áries, Peixes é irritante demais quando tenta se fazer de vítima. Precisam ser mais tolerantes, viu?

COMBINAÇÕES NAS AMIZADES

ÁRIES E ÁRIES	A sinceridade é a marca registrada dessa amizade. Um fala ao outro exatamente o que pensa sem muita diplomacia. Por isso mesmo, os choques podem rolar. Tentem moderar, valeu?
ÁRIES E TOURO	Áries acha o amigo taurino cuidadoso e nada receptivo a mudanças. Isso pode desgastar a convivência. Porém, se ambos se respeitarem e confiarem um no outro, a amizade resiste.
ÁRIES E GÊMEOS	É uma combinação simplesmente fabulosa! Os dois são ousados, antenados e têm raciocínio rápido. Gostam de se divertir e também são bem-humorados. Tornam-se amigos íntimos logo!
ÁRIES E CÂNCER	Relação com altos e baixos. Câncer tende a cobrar presença e mais envolvimento de Áries, que não consegue se encaixar e pode chegar a se irritar. Não é raro que acabem se afastando.
ÁRIES E LEÃO	Os dois são carismáticos e adoram os mesmos programas. A animação toma conta dos papos e, logo nos primeiros contatos, vocês viram grandes amigos. Tudo a ver essa linda amizade!
ÁRIES E VIRGEM	Virgem não consegue se relacionar com quem mente e não seja digno de confiança. Nesse sentido, Áries é excelente, porque valoriza a sinceridade e a lealdade. Podem se entender.
ÁRIES E LIBRA	A simpatia libriana encanta Áries logo nos primeiros contatos. E nem passa pela cabeça de Libra competir com o amigo ariano, o que dá mais sustentação a essa gostosa parceria.
ÁRIES E ESCORPIÃO	Como os dois têm pavio curto e amam dar ordens, a relação acaba perdendo o brilho. Se um ajudar o outro a controlar as próprias reações, talvez se acertem. Mas não é simples.
ÁRIES E SAGITÁRIO	Essa amizade não é suscetível à distância nem ao tempo. Ainda que vocês fiquem anos sem se ver, o reencontro será uma celebração, já que ambos são cativantes e supercalorosos.
ÁRIES E CAPRICÓRNIO	O amigo capricorniano é reservado, mas Áries interpreta isso como frieza e não sente vontade de se aproximar. Se os dois fizerem um esforço, a parceria tem chance de florescer.
ÁRIES E AQUÁRIO	Existe uma admiração mútua nessa relação. O colega ariano acha a originalidade de Aquário um presente! Já o amigo aquariano adora a velocidade de Áries. Uma dupla sintonizada.
ÁRIES E PEIXES	Áries é agitado e genioso demais para perceber e respeitar a sensibilidade pisciana. O amigo de Peixes se magoa com facilidade e tende a buscar outras companhias.

ÁRIES E O TRABALHO

Você é um foguete na carreira: é bastante ágil no cumprimento das suas obrigações e com criatividade suficiente para superar obstáculos e motivar seus colegas. A liderança é um dos dons do seu signo, por isso os cargos de chefia acabam sendo uma atribuição natural na sua trajetória profissional.

Áries enxerga o trabalho como um desafio estimulante e um caminho seguro para obtenção de sucesso e reconhecimento, conquistas indispensáveis para você. Embora não sinta preguiça e adore colocar a mão na massa, pode se entediar diante da parte burocrática do serviço, já que seu negócio é ação!

Quando consegue um emprego, deve lidar com outro desafio: a mania de questionar as ordens vindas de um superior que você não considera qualificado para o cargo. Mas essa rebeldia não ajuda a crescer profissionalmente, já que uma das qualidades de um líder é ter sido um subordinado eficiente e respeitador, certo? Por isso, grave essa: "sempre é tempo de aprender com o próximo".

RELAÇÃO COM DINHEIRO

Embora ame ganhar uma grana, você também adora gastar! E isso pede prudência para não se enrolar no final do mês. Uma dica é anotar os gastos para controlar melhor o orçamento, ok? E deixar o cartão de crédito em casa quando for passear no shopping!

PROFISSÕES INDICADAS

Tudo o que pede poder de iniciativa tem a ver com você. Cargo de gerente combina muito! Na carreira, terá sucesso como vendedor, atleta, educador físico, fisioterapeuta, mecânico, industriário, escultor, jogador de futebol ou cabeleireiro. Áries também se realiza como médico, dentista, engenheiro, publicitário, pecuarista e na área militar.

COMBINAÇÕES NO TRABALHO

ÁRIES E ÁRIES	Como colegas de trabalho, vocês se exaltam por pouca coisa e acabam se estranhando. Ainda que tenham o mesmo ritmo, faltam tolerância e autocontrole a essa dupla.
ÁRIES E TOURO	Enquanto Áries quer terminar suas tarefas bem rapidinho, Touro prefere trabalhar com calma para avaliar e corrigir erros se necessário. Esse descompasso estraga a convivência.
ÁRIES E GÊMEOS	Vocês sabem inovar no serviço e têm poder de iniciativa para deslanchar projetos. O problema é que são indisciplinados e acabam acumulando pendências. Cadê o foco, hein, gente?
ÁRIES E CÂNCER	Os dois se chocam no ambiente profissional. Câncer considera Áries agitado e até mesmo um tanto rebelde. Por outro lado, Áries se incomoda com a passividade canceriana.
ÁRIES E LEÃO	No começo, o entrosamento é ótimo, já que ambos são criativos e cheios de energia. O problema é que um quer dar ordens ao outro, e isso provoca os conflitos. Tentem se segurar!
ÁRIES E VIRGEM	A mente ariana é poderosa, mas bagunçada. É nesse momento que Virgem colabora: esse signo ensina o colega ariano a ser mais organizado, a "arrumar" o pensamento. Boa relação.
ÁRIES E LIBRA	Vocês podem ser excelentes colegas de trabalho e também sócios em um negócio. Libra se empolga com o poder de ação ariano. E Áries precisa do equilíbrio libriano para produzir.
ÁRIES E ESCORPIÃO	Devem aprender a ceder para a parceria profissional funcionar, já que pegam no batente e não fogem dos desafios. O que complica é o gênio forte dos dois, além do orgulho...
ÁRIES E SAGITÁRIO	A afinidade no trabalho é imensa: os são dois ágeis, criativos e vivem motivados. Mas pecam pela desatenção a regras e horários, o que pode comprometer a reputação da dupla.
ÁRIES E CAPRICÓRNIO	Como o colega ariano, Capricórnio tem muita vontade de vencer na vida. Essa ambição aproxima vocês de imediato! Talvez devam controlar mais os ânimos para evitar bate-bocas.
ÁRIES E AQUÁRIO	Relação positiva, já que Áries transforma em realidade as boas ideias de Aquário. Porém, o colega aquariano tem alergia a excesso de ordens, e, Áries tem que se controlar.
ÁRIES E PEIXES	Como vocês pensam de jeitos diferentes, acabam se estranhando no trabalho, embora a imaginação de Peixes deixe Áries impressionado. Só se afinam com paciência e boa vontade.

TOURO

21/04 – 20/05

TOURO, VOCÊ É ASSIM...

Realista, focado, teimoso e batalhador: eis o signo de Touro! Você valoriza quem se esforça profissionalmente e tem alergia de gente preguiçosa ou apressada demais. Seu signo é um exemplo de força, segurança e persistência. No amor e no trabalho, faz questão de estabilidade, já que não consegue lidar bem com mudanças. Adora coisas bonitas e sonha com uma vida confortável. Na intimidade, é quente e pode estourar o termômetro da sensualidade: que lacre!

5 PONTOS POSITIVOS

1. Seu lema é "força, foco e fé".
2. Não desiste fácil.
3. Economiza centavos!
4. É paciente.
5. Superquente na hora H.

5 PONTOS NEGATIVOS

1. O mais teimoso da galáxia.
2. Ciumento incorrigível.
3. Apegado demais da conta.
4. Um pouco comilão.
5. Bem sistemático.

FRASE DIVERTIDA DO SIGNO

"Sentiu um vazio aí dentro? Come, porque é fome."

A PERSONALIDADE DE TOURO

Você não afrouxa as rédeas, porque tem um objetivo claro em mente: conquistar seus tesouros materiais e afetivos. Tesouros materiais são os palpáveis: bom emprego, casa própria, carro potente na garagem... Tesouros afetivos são um romance maduro, uma família estruturada, amigos sinceros e solidários. Por tudo isso, Touro dá grande importância ao trabalho, já que tem consciência de que é preciso ralar muito para se chegar aonde quer.

Assim, uma de suas principais qualidades é a determinação. Quando coloca uma coisa na cabeça, move céus e terras para conseguir. Gosta de seguir regras, agir com prudência e se planejar para alcançar os resultados esperados. Improviso? Você detesta. Concluir uma tarefa "nas coxas"? Não pode nem ouvir falar!

O que define seu modo de enxergar o mundo é a Terra, elemento que governa seu signo. A Terra é estável: não muda de direção como o Ar, não se alastra como o Fogo, nem inunda como a Água. Ela acolhe, fixa, dá equilíbrio. A Terra avisa quando muda e você se identifica com isso, porque as transformações repentinas soam para você como quebra de rotina, com risco de perdas, o que acende seu alarme interior de incêndio. O motivo? Você não administra bem mudanças.

A INFLUÊNCIA DE VÊNUS E A SUA MISSÃO

Embora a resistência a mudanças seja um defeitinho, Touro esbanja qualidades! Uma delas é a sensibilidade às coisas bonitas, um presente do seu planeta regente: Vênus. Considerado o astro do amor, das artes e da beleza, Vênus acentua seu senso estético, o que leva você a se interessar por jardinagem, cultura, artesanato ou decoração. Taurinos e taurinas costumam ser sensíveis à música e às artes plásticas: olha aí um oferecimento de Vênus!

O que se junta a esse enorme talento é sua capacidade de realização. E é ela que sintetiza sua missão nessa vida: colocar a mão na massa, concluir as pendências, fazer o trabalho bem-feito. E inspirar quem estiver ao seu lado a colar os pés no chão e agir com persistência para alcançar a vitória!

RESUMINDO...

- **Palavra de ordem:** segurança
- **Alegra seu coração:** receber um convite para jantar
- **Tira você do sério:** gente apressada
- **É muito importante:** trabalhar com tranquilidade
- **Não é fácil, mas é preciso:** aceitar as mudanças da vida
- **Não existe, mas bem que poderia:** bombom que emagrece

TOURO E A PAQUERA

Como a paciência é uma das suas principais virtudes, você não gosta de atropelar as coisas na paquera. Prefere observar seu alvo de longe antes de se aproximar. Na verdade, sente-se mais à vontade quando a pessoa que desperta seu interesse toma a iniciativa. Nessa hora, você capricha no seu olhar sedutor e começa a revelar seus encantos bem devagarzinho...

Não é raro o coração de Touro bater mais rápido por uma pessoa que já faz parte do seu rol de amigos. É porque esse signo faz questão de saber em que terreno está pisando nos assuntos do coração. Como não curte aventuras passageiras, busca uma pessoa que tenha uma personalidade parecida com a sua. Isso significa alguém maduro emocionalmente e com o propósito de construir uma verdadeira história de amor.

Essa história de amor precisa incluir dois ingredientes básicos: a cumplicidade e a fidelidade. Como adora se planejar, você não esconde de ninguém que quer evoluir a paquera para namoro, e o namoro para — quem sabe? — casamento.

O FANTASMA DO CIÚME

Touro pode até disfarçar, mas é muito complicado negar: o ciúme é um elemento sempre presente nas suas relações amorosas. O medo de perder a pessoa amada e, assim, quebrar a estabilidade das suas emoções leva você a demonstrar esse temperamento possessivo mesmo sem razão de ser. Que tal rever essa conduta e confiar mais em quem escolheu para amar, hein?

QUEM FATURA O CORAÇÃO DE TOURO?

Para ganhar seu amor, a pessoa ideal deve desejar compromisso sério e revelar cumplicidade, dedicação e responsabilidade. Alguém em quem seja possível confiar e cultivar uma relação baseada na sinceridade e no companheirismo. Touro busca um amor que batalhe ao seu lado por uma vida confortável, uma família feliz e um futuro garantido.

COMBINAÇÕES NA PAQUERA

TOURO E ÁRIES	O charme taurino é irresistível e Áries acaba caindo em tentação... Mas o par ariano é apressado demais e isso confunde Touro, que prefere levar as coisas com mais calma.
TOURO E TOURO	São sensuais, envolventes e se entendem pelo olhar. A paquera rola fácil, porque a afinidade é imediata. Para virar romance, precisam controlar o ciúme, que é bem implacável!
TOURO E GÊMEOS	O par de Touro é tranquilo e dominador, enquanto Gêmeos é elétrico e tem sede de liberdade. Outro complicador é o fato de que Touro é o *inferno astral* de Gêmeos.
TOURO E CÂNCER	É uma paquera supergostosa, porque Touro vê em Câncer a dedicação que espera de um par romântico. E Câncer, por sua vez, aplaude a lealdade taurina. Ta aí um lance bem promissor!
TOURO E LEÃO	A atração física é grande, mas as diferenças acabam pegando. Touro não entende a necessidade de Leão de ser o centro das atenções e, por esse motivo, tende a se afastar.
TOURO E VIRGEM	Sabe gol de placa? É essa paquera, minha gente! Virgem é o *paraíso astral* de Touro e isso é sinônimo de uma maravilhosa conexão. Os dois são amigos e amantes na medida certa.
TOURO E LIBRA	Para Touro, as mil amizades de Libra são quase um atestado de infidelidade. Sim, é um exagero! Cabe ao par taurino controlar esse sentimento de posse para dar uma chance ao amor.
TOURO E ESCORPIÃO	Na conquista, vocês se mostram envolventes e sabem despertar a paixão um do outro. Mas a personalidade forte de ambos pode prejudicar o convívio. Precisam se controlar mais!
TOURO E SAGITÁRIO	Há um sentimento mútuo de admiração entre vocês. Por isso, a paquera decola logo nos primeiros encontros. Mas o par sagitariano é independente demais e isso incomoda Touro.
TOURO E CAPRICÓRNIO	Olha que combinação maravilhosa! Ambos são sinceros, objetivos e valorizam a fidelidade. Não costumam brincar em serviço e podem evoluir da conquista para o romance em um pulo.
TOURO E AQUÁRIO	Os papos podem fluir muito bem, mas a coisa emperra na hora de estabelecer compromisso. Enquanto Touro quer definir o lance, Aquário foge de regras e não tolera cobranças. Dureza!
TOURO E PEIXES	O par pisciano ajuda Touro a compreender melhor suas emoções. Nesse sentido, o lance tem futuro, mas caberá ao par taurino ser mais devotado a esse amor. Se conseguir, belezinha!

TOURO E O ROMANCE

Na união afetiva, Touro costuma se soltar mais do que no jogo da conquista. Se na paquera esse signo é perseguido pelo medo da ruptura (taurinos e taurinas não gostam de alterações de rotina, porque isso desaba o ideal de segurança emocional pelo qual tanto batalham!), no relacionamento amoroso, as coisas tendem a caminhar de maneira um pouco mais tranquilas. É claro que você não baixa a guarda no quesito ciúme. Touro é um signo que se mantém vigilante em relação à sua alma gêmea. "Onde você está?", "quem está aí também? e "a que horas vai voltar?" são perguntas frequentes do par taurino quando a pessoa amada, por exemplo, atrasa. É um traço característico do signo que precisa ser domado para não esgotar a paciência do seu par, viu?

Ok, Touro é um tanto fiscalizador, mas também é bastante cativante! Sabe seduzir seu amor e nunca tem pressa na hora em que a coisa começa a esquentar... No dia a dia conjugal, esse signo é amigo, conselheiro e completamente confiável. Detesta mentiras e não pode nem ouvir falar na palavra traição!

E SE CHEGAR AO FIM?

O fim da relação a dois é bastante traumático para a pessoa de Touro. Como esse signo é um defensor da estabilidade afetiva, um término lhe parece bastante assustador. Seu primeiro impulso é se afastar do(a) ex-parceiro(a) para juntar os cacos do coração até se sentir forte novamente para se abrir ao amor.

TOURO E A INFIDELIDADE

Ser vítima de traição é uma tragédia para Touro... Como você investe tempo e energia no romance, descobrir uma infidelidade é tipo uma derrota — e sem chance de perdão. E a situação inversa? Touro só trai para dar o troco, caso o par tenha pulado a cerca primeiro. Mas isso só acontece quando o romance já está por um fio.

COMBINAÇÕES NO ROMANCE

TOURO E ÁRIES	Romance marcado por atritos. Embora role muita paixão, Touro tem sentimentos estáveis e Áries é controlado pelos próprios instintos. Esse desajuste é fatal no dia a dia, viu?
TOURO E TOURO	É uma relação marcada pelas afinidades: os dois têm o mesmo pique e gostam de coisas parecidas. Mas há um elemento que pode dificultar a convivência: a teimosia. Cuidado aí!
TOURO E GÊMEOS	Essa união é uma verdadeira soma de desafios. Touro tem um jeito controlador que Gêmeos não consegue compreender, muito menos suportar. É comum que se afastem e o lance esfrie.
TOURO E CÂNCER	Tudo a ver esse romance! Touro adora o jeito carinhoso de Câncer e retribui à altura. Já o par canceriano até se emociona com a atenção e o afeto que recebe. Podem ser felizes.
TOURO E LEÃO	A rotina conjugal acaba pesando por conta do temperamento forte dos dois. Touro e Leão não costumam ceder, preferindo medir forças. É um romance que só resiste com muito amor.
TOURO E VIRGEM	Relação abençoada pelos astros. Touro e Virgem adoram fazer planos e alimentar o lance com cumplicidade. Mas o par taurino não pode encanar tanto com as críticas virginianas.
TOURO E LIBRA	Vocês têm estilos diferentes, o que embaça as possibilidades de transformar a paquera em romance. Touro é um signo caseiro, Libra adora badalar. Precisam desatar muitos nós.
TOURO E ESCORPIÃO	Touro é paciente, Escorpião é meio agressivo. Apesar disso, não é que um acaba suprindo as carências do outro? Donos de sentimentos profundos, podem viver um romance de cinema!
TOURO E SAGITÁRIO	Nessa relação, há fases superfelizes e também há períodos de tretas cabulosas. O espírito livre de Sagitário não tolera a marcação taurina. Se Touro não se segurar, nada feito.
TOURO E CAPRICÓRNIO	Essa união está calcada no compromisso. Vocês defendem estabilidade no amor, por isso tendem a se envolver com muito sentimento e honestidade. Podem até celebrar Bodas de Ouro!
TOURO E AQUÁRIO	Aquário ama experiências diferentes e pode, sim, embarcar nesse relacionamento. Mas o par aquariano é imprevisível e Touro não sabe administrar isso. Só vinga com muito amor.
TOURO E PEIXES	É um romance cheio de possibilidades, porque há muita ternura envolvida. Apesar de ser desligado, Peixes é ponta firme no quesito lealdade, e isso importa demais para Touro.

TOURO E O SEXO

Touro prefere alinhar sua energia sexual aos seus sentimentos. Isso não significa transar apenas dentro de relacionamentos oficiais, e sim compartilhar sua intimidade com alguém que já conquistou uma parte do seu afeto ou, ao menos, sua amizade. Sem qualquer vínculo, seu signo dificilmente se solta entre os lençóis.

E que lençóis! Para ficar à vontade, você sonha com um cenário bem aconchegante, tipo um hotel megaconfortável com cama king size, edredom bem fofo e decoração típica de capa de revista! Fazer amor dentro de um carro apertado ou sobre o piso frio da cozinha não mexe tanto com seus desejos, porque seu negócio é expandir as sensações de prazer, e isso inclui o visual, o tato, o olfato e até mesmo o paladar.

Não por acaso, Touro ama acrescentar comidinhas na hora do rala e rola. Morango, uva, pêssego, chantilly, leite condensado e chocolate são algumas ótimas opções, já que a boca é uma região supersensível do seu corpo.

TOQUE QUENTE

Sabia que sexo oral é uma das especialidades taurinas? Oferecer ou receber essa carícia traz ao seu signo a sensação de plenitude sexual. Como você não faz nada na correria, acaba dominando essa modalidade sexual para intensificar os orgasmos, levando a pessoa amada ao delírio.

NO MUNDO DAS FANTASIAS

Para você, conforto e luxo são requisitos indispensáveis para uma fantasia sexual deliciosa! Touro ama calçar sapatos de salto alto (ou observar o par com eles) no momento das preliminares. Uma dica: tentar um *striptease!* Fazer ou acompanhar um strip é uma preparação criativa e que combina direitinho com a temperatura do seu tesão! Anotou aí?

COMBINAÇÕES NO SEXO

TOURO E ÁRIES	Se as diferenças gritam fora da cama, as coisas acabam se encaixando no sexo. A sensualidade de Touro deixa Áries de queixo caído e desejos acesos. Uma combinação inesperada.
TOURO E TOURO	A cama funciona para vocês como uma extensão da sintonia que rola no dia a dia. Vocês são quentes, envolventes e sensuais. Por isso, cada transa tem gostinho de "quero mais".
TOURO E GÊMEOS	Embora vocês adorem sexo, há muitos conflitos fora da cama e isso derruba o tesão. É papel de Touro tentar pegar mais leve para aproveitar com prazer a intimidade com Gêmeos.
TOURO E CÂNCER	O problema dessa combinação é que Câncer tem uma energia sexual menor do que Touro. Por outro lado, o par canceriano é sensível e injeta muita emoção na hora H. Aposte, Touro!
TOURO E LEÃO	Nos lençóis, as divergências entre vocês somem, desaparecem! Quando uma cama junta a sensualidade taurina e a criatividade leonina, o resultado é um só: explosão de tesão!
TOURO E VIRGEM	Para essa combinação prosperar, cabe a Touro segurar Virgem pela mão e mostrar a esse signo todas as delícias da intimidade. Quando aprende a se soltar, o par virginiano arrasa!
TOURO E LIBRA	O par libriano fica completamente entregue ao erotismo gigante de Touro. Para pagar na mesma moeda, Libra joga na mesa todas as suas armas de sedução. Resultado? Show de bola!
TOURO E ESCORPIÃO	Corre para apagar esse incêndio, gente! Melhor: deixa arder! Touro e Escorpião formam um dos casais mais quentes do Zodíaco. E essa conexão alivia as diferenças entre vocês.
TOURO E SAGITÁRIO	Se a paquera e o romance tropeçam nessa combinação, o sexo voa tão alto que bate na Lua! Sagitário acende o desejo taurino. Por isso, o sexo é tipo um vulcão em atividade, sabe?
TOURO E CAPRICÓRNIO	O poder de sedução de Touro é um torpedo tão forte que as defesas capricornianas caem por terra rapidinho. Com isso, Capricórnio toma gosto pelo sexo e se joga na sensualidade.
TOURO E AQUÁRIO	As personalidades de vocês são muito divergentes, e a química sexual acaba não rolando como deveria. Aquário é independente demais e isso faz Touro arrancar os cabelos.
TOURO E PEIXES	Como Touro é um oceano de sensualidade, Peixes se entrega a essa relação com energia, dedicação e desejo. As transas são regadas a emoção e o prazer rola solto!

TOURO E AS AMIZADES

Com raras exceções, suas amizades são duradouras. Touro acredita que a estabilidade nesse campo da vida fortalece a lealdade, uma característica que se destaca no seu jeito de ser e que, ao longo da sua trajetória, você procura sempre praticar e aprimorar.

Por isso mesmo, não é incomum que Touro conserve as amizades da infância, da escola ou do primeiro emprego, por exemplo. Contatos momentâneos não combinam com os valores taurinos.

Junto aos amigos, você é um poço de fidelidade. Está sempre a fim de conversar, ajudar, ouvir confidências e aconselhar as pessoas queridas. Mas tem um negócio: Touro é ciumento, gente! Embora se dedique aos colegas mais próximos sem qualquer interesse, busca uma justa reciprocidade nas relações. Assim, se sentir que foi desprestigiado ou descartado por alguém, não hesita em desmanchar a amizade, guardando essa mágoa por anos no coração. Tentar se desapegar mais pode eliminar esse tipo de ressentimento, viu?

FELIZ ANIVERSÁRIO!

Para celebrar mais um ano de vida, você busca uma opção farta, como um rodízio de pizzas ou de carnes. Festejar essa data com excelência gastronômica faz a sua alma vibrar, já que você respeita bastante os prazeres da mesa. Na hora da conta, seu sistema ideal é a divisão, já que Touro é um signo bem seguro em relação a dinheiro.

E A PEDRA NO SAPATO?

A pedra no seu sapato é Áries. Esse signo representa seu *inferno astral*. As divergências entre vocês são tão acentuadas que acabam azedando o convívio. Áries considera Touro um signo parado e sistemático demais. Para Touro, Áries é o caos: apressado, volúvel, meio aloprado. O respeito mútuo pode amansar essa relação.

COMBINAÇÕES NAS AMIZADES

TOURO E ÁRIES	O amigo ariano é o *inferno astral* de Touro, o que já é suficiente para gerar algumas tensões. Para o amigo taurino, Áries não desperta confiança e isso enfraquece a relação.
TOURO E TOURO	Tudo de bom, hein? Esses xarás astrais formam uma dobradinha de respeito como bons amigos. Em geral, é uma relação duradoura, que começa lá no jardim da infância: repare só!
TOURO E GÊMEOS	Touro leva muito a sério as amizades, enquanto Gêmeos não tem tanto critério: tudo depende do astral, do momento. Essa instabilidade faz o amigo taurino desistir rapidinho.
TOURO E CÂNCER	Essa combinação é show de bola! Um compreende o outro e a conexão se estabelece logo nos primeiros contatos. Câncer ama os conselhos de Touro e retribui com cumplicidade.
TOURO E LEÃO	É quase impossível resistir ao carisma leonino... Leão valoriza bastante essa parceria, mas não entende o temperamento possessivo de Touro, que precisa aprender a relaxar, ok?
TOURO E VIRGEM	Na maior parte do tempo, essa amizade flui sem dificuldade. O que pode pegar é o agudo senso crítico de Virgem, que pode cansar Touro. Cabe ao amigo taurino ser mais paciente.
TOURO E LIBRA	Os dois são simpáticos e se entrosam com facilidade, mas o amigo taurino é ciumento, e isso aborrece Libra, que não entende a necessidade de tantas cobranças. Sejam flexíveis!
TOURO E ESCORPIÃO	Podem ser bons amigos, sim! Vocês sabem guardar segredos e são solidários nos momentos difíceis. Além disso, são sinceros, o que funciona como um combustível para a amizade.
TOURO E SAGITÁRIO	A franqueza excessiva de Sagitário não incomoda Touro, que até admira essa característica. Mas o amigo sagitariano é desligado demais e isso é visto por Touro como ingratidão.
TOURO E CAPRICÓRNIO	Uma amizade abençoada pelos astros! Um entende o jeito do outro e há um respeito mútuo que contribui para consolidar essa relação, capaz de resistir ao tempo e à distância.
TOURO E AQUÁRIO	Aquário reconhece e aprova a sensatez de Touro, mas não entende as cobranças desse amigo, que é muito exclusivista. Por ter um espírito livre, o amigo aquariano se afasta.
TOURO E PEIXES	Olha que amizade fantástica! Touro aprecia a sensibilidade pisciana e o amigo de Peixes gosta da atenção que o amigo taurino lhe dedica. Viram grandes camaradas em pouco tempo.

TOURO E O TRABALHO

A rotina profissional é um dos eixos da sua vida. Como você é uma pessoa prática, sabe que suas conquistas materiais estão diretamente ligadas à sua capacidade de gerar riquezas. Por isso, pega firme na labuta e desconhece o significado da palavra derrota.

Quando assume uma tarefa, faz questão de capricho, esforço, atenção e pontualidade. Assim, costuma se organizar previamente para não descumprir prazos nem bagunçar processos. Na estrutura corporativa, seu principal talento é realizar tarefas idealizadas pelos outros, já que adora o lado prático do serviço.

Nos relacionamentos profissionais, Touro é um colega responsável e persistente, que gosta de se sentir útil e não tende a contestar regras nem comandos.

Seu principal desafio é lidar com mudanças. A chegada de um novo chefe, por exemplo, pode mexer com sua autoconfiança, já que seu signo nem sempre se sente preparado para encarar novidades. A solução é confiar mais no poderoso taco taurino, ok?

RELAÇÃO COM DINHEIRO

Touro não deixa as pontas soltas quando o assunto é grana. Como seu signo é precavido, você dá valor a cada centavo recebido, fruto do seu suor e da sua determinação. Suas despesas estão sempre na ponta do lápis e você adora fazer planos com suas economias.

PROFISSÕES INDICADAS

Combinam com você atividades que pedem foco, equilíbrio e precisão. Atuar na área de vendas pode ser promissor, assim como trabalhar com imóveis, contabilidade, administração e finanças. Fonoaudiologia e arquitetura são segmentos alinhados ao seu signo. Outros setores recomendados: paisagismo, moda, artesanato, música, decoração, estética e gastronomia.

COMBINAÇÕES NO TRABALHO

TOURO E ÁRIES	Touro gosta de planejar e fazer as coisas com calma, enquanto Áries está sempre em velocidade máxima. Esse desequilíbrio pode tumultuar as coisas no ambiente profissional.
TOURO E TOURO	Um se entusiasma com o senso de responsabilidade do outro, o que contribui para a produtividade no serviço. O que pode entornar o caldo é que ambos são turrões. Vamos moderar?
TOURO E GÊMEOS	Apesar das divergências, vocês podem formar uma sociedade lucrativa, sabia? E Touro não consegue ficar indiferente à criatividade geminiana. Mas tretas não estão descartadas.
TOURO E CÂNCER	No serviço, rola uma cooperação muito gostosa, já que o colega canceriano é superprestativo. Por outro lado, o colega taurino dá lições preciosas de perseverança para Câncer.
TOURO E LEÃO	A determinação de Touro é inspiradora para Leão, que admira as pessoas persistentes. Cabe ao colega taurino relevar a vaidade leonina para essa parceria funcionar no trabalho.
TOURO E VIRGEM	Quando se unem no emprego, a tendência é que cresçam juntos. Virgem cumpre suas obrigações com capricho e isso é um certificado de competência para Touro. Identificação total!
TOURO E LIBRA	No ambiente de trabalho, vocês formam uma dupla excelente. Libra gosta de desempenhar funções em parceria e essa disposição deixa Touro supermotivado. Combinação de respeito!
TOURO E ESCORPIÃO	Dobradinha de peso! Escorpião não desiste dos seus objetivos e Touro aplaude esse comportamento. Por outro lado, o colega taurino impressiona Escorpião com seu senso prático.
TOURO E SAGITÁRIO	Parceria arriscada: Sagitário é otimista demais, e Touro, com os pés colados no chão, considera isso um tanto irresponsável. Podem se estranhar na carreira e até se afastar.
TOURO E CAPRICÓRNIO	Dupla cheia de sintonia! Vocês são organizados, batalhadores e ambiciosos: como querem crescer, um auxilia o outro para que as conquistas profissionais sejam compartilhadas.
TOURO E AQUÁRIO	No serviço, vocês podem funcionar! Aquário tem imaginação privilegiada e isso serve de inspiração para o colega taurino. O maior problema é que os dois são bem marrentos...
TOURO E PEIXES	Essa combinação precisa de ajustes por causa do temperamento sonhador de Peixes, que se opõe ao comportamento prático de Touro. Mas, com boa vontade, vocês se entendem, sim.

GÊMEOS

21/05 – 20/06

GÊMEOS, VOCÊ É ASSIM...

Você sabe de cor e salteado todos os segredos da comunicação. E não esconde esse talento: conversa na fila do banco, no ônibus, na academia, na missa, na lotérica, no parque, na lanchonete, no trabalho, na escola. Vive coletando informações, contando piadas, esbanjando otimismo por aí. Ama a própria liberdade e reconhece que sua principal qualidade profissional é sua fabulosa criatividade. O signo mais curioso, alto-astral e versátil do Zodíaco é Gêmeos!

5 PONTOS POSITIVOS

1. Tem o dom da comunicação.
2. Coleciona piadas.
3. É muito otimista!
4. Aprende rapidão.
5. A criatividade transborda.

5 PONTOS NEGATIVOS

1. Mestre da bagunça.
2. Não guarda segredos.
3. É bem inconstante.
4. Sempre se atrasa.
5. O mais ansioso.

FRASE DIVERTIDA DO SIGNO

"Como assim eu não tenho nada com isso?"

A PERSONALIDADE DE GÊMEOS

"Quem fica parado é poste!" Essa definição é precisa para definir seu signo, considerado o mais agitado do Zodíaco. Você é uma pessoa de raciocínio rápido, dona de muita energia, que adora se movimentar e ficar por dentro de tudo (eu disse "tudo"!) o que acontece no mundo. Cheio de otimismo e esperteza, Gêmeos tem uma personalidade exuberante, com destaque para seu temperamento alegre e sua mania incorrigível de mudar de ideia.

Sim, Gêmeos muda muito de ideia! Em um dia, quer estudar guitarra. No outro, sonha em praticar artes marciais. No terceiro dia, conclui que seu negócio é fotografar. No quarto dia, começa a correr e jura que vai participar de uma meia maratona.

Toda essa energia também comparece na carreira e no romance. No serviço, você costuma motivar todo mundo com sua empolgação e suas boas ideias. Na vida a dois, transforma seu pique em novidade. Quem concorda em dividir uma vida ao seu lado não tem motivos para reclamar da rotina, porque você usa sua imaginação para escapar da mesmice.

Não por acaso, o elemento que governa seu signo é o Ar. Por isso, você não tem parada: vive “borboleteando” por aí atrás de gente nova, coisas diferentes, desafios, surpresas e diversões.

A INFLUÊNCIA DE MERCÚRIO E A SUA MISSÃO

A ansiedade geminiana somada ao contagiante alto-astral desse signo é um presente de Mercúrio. Esse planeta é pura velocidade e concede a você a habilidade de se comunicar, de argumentar, de virar o disco e o jogo.

Seu interesse é imprimir sua voz no mundo e é aí que mora sua missão: inspirar todo mundo a levantar a voz, emitir opinião, abrir debate, fazer pergunta, confrontar resposta. Na mitologia, Mercúrio era o mensageiro entre os deuses e os homens. Ele também deve ter sido o primeiro geminiano do mundo, porque, como você, também não tinha parada...

Importante mencionar seus defeitinhos: distração, inconstância e desorganização. Gêmeos não veio ao mundo para explicar, e sim para balançar o roseiral, gente!

RESUMINDO...

- **Palavra de ordem:** comunicação
- **Alegra seu coração:** contar uma notícia em primeira mão
- **Tira você do sério:** gente reclamona
- **É muito importante:** dizer exatamente o que se pensa
- **Não é fácil, mas é preciso:** ouvir mais e falar menos
- **Não existe, mas bem que poderia:** localizador de objetos perdidos (chave, presilha etc.)

GÊMEOS E A PAQUERA

Antes de apostar suas fichas na paquera, você se questiona se essa é mesmo a melhor decisão. O motivo: a conquista amorosa pode conduzir a um romance, e um romance, na cabeça de Gêmeos, é sinônimo de menos liberdade de ação (não é verdade isso, mas sua linha de raciocínio é assim, fazer o quê?).

Porém, se conclui que a pessoa pela qual se interessa vale o investimento, parte para o ataque, derramando seu sorriso fácil, seu olhar curioso, seu papo gostoso e, principalmente, suas milhões de histórias interessantes, atrevidas, engraçadas, meio malucas, quase irreais.

Cair no seu charme é a coisa mais fácil desse mundo, sabia? Graças ao seu jeito extrovertido e à sua infalível esperteza, é quase impossível resistir à pesada artilharia geminiana. Em um minuto, a pessoa amada se rende ao seu carisma e passa a ter certeza de que nunca conheceu alguém tão criativo e divertido como você. E não é que ela tem razão?

MANOBRA ARRISCADA

No entanto, mesmo com a paquera rolando solta, há uma pegadinha aí: Gêmeos não consegue estacionar seus sentimentos em uma só estação, caso não esteja completamente apaixonado. Por isso, não é raro que você invista em duas conquistas ao mesmo tempo, ainda que possa ferir os sentimentos dos outros com essa manobra arriscada. Cuidado, pois, um dia, o tombo pode ser feio para o seu lado, viu?

QUEM FATURA O CORAÇÃO DE GÊMEOS?

O par ideal de Gêmeos é uma pessoa expansiva, elétrica, inquieta, dona de uma prosa perfeita e de personalidade forte. Essa pessoa não contraria os movimentos do seu amor geminiano, pois sabe que isso poderia condenar o lance para sempre. Também é um par independente e com apetite pela vida, que ama festas, viagens, aventuras e novidades.

COMBINAÇÕES NA PAQUERA

GÊMEOS E ÁRIES	Vocês se entrosam bem. O mais bacana é que a conquista pode começar a partir de uma gostosa amizade. Com piques parecidos, têm todas as chances de construir um futuro comum.
GÊMEOS E TOURO	O fato de Touro ser o *inferno astral* de Gêmeos complica... Para esse lance virar uma relação amorosa, os dois precisam estar muito apaixonados. Do contrário, a coisa desanda.
GÊMEOS E GÊMEOS	Que delícia de sedução! Vocês adoram conversar, se divertir e experimentar coisas diferentes. Tanta identificação é a base da conquista, que pode gerar uma união empolgante.
GÊMEOS E CÂNCER	A atração física pode fazer o interesse aumentar, mas a coisa não sai do lugar, porque vocês são diferentes demais. Câncer só quer afeto e o par geminiano não compreende isso.
GÊMEOS E LEÃO	Gêmeos adora o temperamento divertido, sociável e envolvente de Leão. Vocês compartilham outra afinidade: o poder de comunicação. Paquera feliz, com um futuro promissor. Viva!
GÊMEOS E VIRGEM	O par virginiano é cauteloso e discreto, já Gêmeos é pura adrenalina! Esse contraste pode tumultuar o lance, que perde a força rapidão. Mas se quiserem se arriscar mesmo assim...
GÊMEOS E LIBRA	Que sedução matadora, gente! Libra é o *paraíso astral* de Gêmeos, o que assegura um certificado de harmonia para esse encontro. Paquera deliciosa, regada a alegria e fascínio.
GÊMEOS E ESCORPIÃO	A conquista começa tropeçando, porque Escorpião, desconfiado, estranha a extrema liberdade de Gêmeos e fica com uma pulga atrás da orelha. Mesmo assim, pode rolar um flerte.
GÊMEOS E SAGITÁRIO	Aproximação fácil, já que são otimistas, bem-humorados e têm um papo ótimo. O que enrosca o meio de campo é a extrema sinceridade sagitariana. Cabe a Gêmeos enfrentar isso.
GÊMEOS E CAPRICÓRNIO	A curiosidade geminiana é ativada diante do par capricorniano, que passa uma imagem de seriedade, decisão e poder. Mas falta cumplicidade para essa paquera florescer e vingar.
GÊMEOS E AQUÁRIO	Lance saboroso e cheio de pegada! Gêmeos e Aquário são bem parecidos, divertem-se com as mesmas piadas, quase nunca se estressam. É algo que pode chegar ao altar. Já pensou?
GÊMEOS E PEIXES	Para Peixes, Gêmeos é um signo desapegado demais para o amor. Essa percepção pode levar a paquera a naufragar logo no comecinho, já que o par pisciano é bem afetuoso.

GÊMEOS E O ROMANCE

Se a paquera amadurecer e virar um relacionamento afetivo, o par de Gêmeos precisa ter noção de que esse lance não vai conhecer o conceito de rotina. Na cabeça geminiana, amor de verdade deve ter surpresa e estímulo todos os dias. Isso significa compartilhar interesses, programar passeios e passar horas e horas conversando, comentando experiências e fazendo planos.

Na vida a dois, esse signo se mostra bastante participativo e entusiasmado, sobretudo se a cara-metade também for alegre, curiosa e cheia de energia, assim como Gêmeos. Essa sintonia é importante para você, que não consegue se imaginar em uma relação previsível e cercada de regras por todos os lados.

Dentre essas regras, a principal é jamais ameaçar a liberdade geminiana. Esse signo precisa de espaço para se movimentar e reafirmar sua identidade. Por isso, ataques de ciúme não têm vez no seu ideal romântico. Aliás, qualquer forma de controle é suficiente para Gêmeos espanar e duvidar do futuro da união.

E SE CHEGAR AO FIM?

Se relação afetiva acabar, você encara com normalidade, e não como o bicho de sete cabeças que todo mundo pinta. E outra: depois de um tempo, retoma o contato com o ex para preservar a amizade. Na sequência, abre a temporada para uma nova caça ao amor e volta pra pista!

GÊMEOS E A INFIDELIDADE

Caso chegue aos seus ouvidos uma pulada de cerca do seu par, você o confronta para tentar entender as motivações. Depois, termina tudo e vai cuidar da sua vida! E na situação inversa? Gêmeos pode cometer infidelidade se estiver sendo fiscalizado, ou se a chama da paixão apagar e não houver disposição para reverter isso.

COMBINAÇÕES NO ROMANCE

GÊMEOS E ÁRIES	Há possibilidade de sintonia nesse romance. O único ponto que precisa de cuidado é o autoritarismo de Áries. Gêmeos não tolera ordens e isso pode causar aborrecimentos.
GÊMEOS E TOURO	A atração física rola com bastante facilidade e, por isso, o lance pode engrenar. Mas há dificuldades no dia a dia, como o ciúme taurino, que sufoca o par geminiano.
GÊMEOS E GÊMEOS	Tudo a ver a relação afetiva entre esses xarás astrais: como se comunicam bem, não há espaço para ressentimentos ou mal-entendidos. Podem protagonizar uma união sensacional!
GÊMEOS E CÂNCER	Relação sujeita a chuvas e trovoadas! Gêmeos é o *inferno astral* de Câncer, e isso desgasta o convívio. Só com carinho e uma força de vontade gigante para vencer os desafios.
GÊMEOS E LEÃO	Esse relacionamento amoroso ganha nota dez! Vocês tendem a levar a vida de um jeito leve e prazeroso. Não é difícil que permaneçam amigos, mesmo que o lance acabe um dia.
GÊMEOS E VIRGEM	Olha o perigo aí! O par de Virgem gosta das coisas certinhas, já Gêmeos é o improviso em forma de gente. Essas e outras diferenças podem condenar o romance e afastar o casal.
GÊMEOS E LIBRA	Quando se envolvem pra valer, um se compromete a fazer o outro feliz. Acabam escrevendo uma história de amor de tirar o fôlego. Relação totalmente abençoada pelas estrelas.
GÊMEOS E ESCORPIÃO	Paixão cheia de obstáculos. O par escorpiano é controlador e ciumento, enquanto Gêmeos tem alma independente e não suporta ser vigiado. Com isso, o sentimento esfria e acaba.
GÊMEOS E SAGITÁRIO	Quando o namoro começa, os dois podem observar algumas diferenças, já que são signos opostos. Mas, como um completa o outro, essa relação amorosa tem tudo para durar séculos!
GÊMEOS E CAPRICÓRNIO	Lance enrolado: Capricórnio quer estabilidade e Gêmeos acha que compromisso é coisa de cartório! Quando se sente acuado, o par geminiano voa, deixando Capricórnio fulo da vida.
GÊMEOS E AQUÁRIO	É o típico romance que pode nascer de uma amizade bacana. Vocês adoram trocar ideias e têm gostos semelhantes. Não são ciumentos, valorizam a liberdade e a cumplicidade.
GÊMEOS E PEIXES	Na união, o par pisciano tende a cobrar de Gêmeos mais carinho e presença. Mas o par geminiano não engole essas investidas. Por isso, os atritos são inevitáveis.

GÊMEOS E O SEXO

Assim como tudo na sua vida, seu roteiro sexual precisa ter sabor de novidade e até de improviso. Portanto, o ideal é inovar a cada encontro sexual: locais da transa, posições, investidas, carícias, fantasias, acessórios etc.

O apetite sexual de Gêmeos só não é maior do que a vontade desse signo de explorar as possibilidades do prazer. Assim, você valoriza a liberdade na intimidade e dá corda para as fantasias sexuais do seu amor. Se a ideia é brincar de personagens e situações fictícias, esse signo mergulha no jogo de sedução e desempenha seu melhor papel, levando sua cara-metade a pisar nas nuvens!

Dica: como a curiosidade geminiana é insaciável, uma forma de excitação que nunca falha é incrementar a hora H com a leitura de contos eróticos. Filmes picantes também podem fazer parte das preliminares, embora Gêmeos não tenha muita paciência para prolongar demais as carícias que precedem a transa.

TOQUE QUENTE

As mãos são vitais na satisfação sexual da pessoa de Gêmeos. Esse signo adora acariciar seu par enquanto rolam beijos muito quentes e as mãos servem para "explorar o terreno" e medir a temperatura do tesão. Masturbação dupla é uma prática bem eficiente para fazer o caldeirão ferver — já tentou?

NO MUNDO DAS FANTASIAS

Como é bastante liberal, Gêmeos concorda com todo tipo de fantasia sexual. Aliás, quanto maior o repertório, melhor! Essa variedade assegura ao signo que nenhuma transa será igual à outra, o que funciona como um certificado de garantia de prazer. Máscaras, lingeries insinuantes, luzes coloridas: tudo isso desperta a energia sexual geminiana.

COMBINAÇÕES NO SEXO

GÊMEOS E ÁRIES	O sexo acende — e como! — a curiosidade de Gêmeos. Mas o par ariano é aflito e ansioso, e pode atropelar um pouco as coisas. Se um respeitar o ritmo do outro, dá samba, sim!
GÊMEOS E TOURO	Sem os detalhes e as exigências da convivência diária, vocês batem um bolão na cama, já que a paixão explode! Em uma relação secreta, tendem a se entender de um jeito especial.
GÊMEOS E GÊMEOS	Formam um casal que adora inovar o repertório entre os lençóis. Essas novidades esquentam o convívio e turbinam o tesão. Fiquem à vontade para liberar fantasias sexuais, viu?
GÊMEOS E CÂNCER	Na cama, a conexão é uma beleza! Câncer é sensível e isso atiça os desejos de Gêmeos. Mas tem uma coisa: o par canceriano só consegue se soltar se houver sentimento envolvido.
GÊMEOS E LEÃO	Vocês estão sempre incrementando os encontros sexuais com surpresas! O que pode pegar é que a energia erótica de Leão é maior do que a de Gêmeos, mas isso dá para acertar.
GÊMEOS E VIRGEM	Na intimidade, há uma possibilidade de entendimento. Se Gêmeos for paciente e Virgem aprender a se soltar um pouco mais, as transas têm tudo para proporcionar satisfação.
GÊMEOS E LIBRA	Como a paixão brota fácil, a combinação no sexo é uma extensão dessa boa sintonia. Talvez o par de Libra queira um pouco mais de romance na hora H: cabe a Gêmeos comparecer!
GÊMEOS E ESCORPIÃO	Se o convívio é um pouco embaçado, o sexo chega para aliviar as tensões. O imenso erotismo escorpiano funciona para o par de Gêmeos como uma poderosa injeção de tesão.
GÊMEOS E SAGITÁRIO	A criatividade de Gêmeos enche o tanque de Sagitário, que se sente realizado ao compartilhar sua intimidade. Vocês amam temperar o sexo com novidades e se entregam totalmente!
GÊMEOS E CAPRICÓRNIO	A sensualidade de Capricórnio faz o par geminiano delirar! Por isso, sexualmente falando, essa combinação promete muito prazer. O problema, na verdade, é fora da cama, viu?
GÊMEOS E AQUÁRIO	Na intimidade, o entendimento é natural e traz muita satisfação. Vocês gostam de despertar um no outro sensações novas e ajustam os compassos rapidinho.
GÊMEOS E PEIXES	Se há embates no dia a dia, é entre quatro paredes que esses signos experimentam alguma conexão. Mas um deve dizer ao outro o que deseja. E Gêmeos precisa ter mais tato, ok?

GÊMEOS E AS AMIZADES

Fazer novos amigos é seu esporte preferido! Por esse motivo, você tem várias turmas: o pessoal do trabalho, a galera do bairro, os colegas de escola, o povo da academia, o grupo do curso de inglês, a comunidade da igreja etc. As pessoas amam sua companhia por conta da sua simpatia e do seu invencível bom humor.

Em geral, seus amigos mais próximos são parecidos com você: bem-dispostos e cheios de gás! Gêmeos não tem muita paciência com gente reclamona ou que se faz de vítima. Na sua opinião, conviver com pessoas assim é pura perda de tempo, já que nossa passagem por aqui é curta, e o importante é aproveitar os bons momentos, certo?

Apesar do seu alto-astral retumbante, ainda há desafios a serem superados no campo das amizades, Gêmeos. O principal é sua inconstância. Como seu signo está sempre ligado nos 220 volts, você não se dedica como poderia às suas amizades. Mais afeto e atenção fariam milagres nos seus relacionamentos, sabia? Tudo o que você precisa é de um pouco mais de foco.

FELIZ ANIVERSÁRIO!

Cada ano em um lugar diferente: é assim que Gêmeos prefere comemorar seu aniversário! Barzinho, lanchonete, pizzaria, praça de alimentação do shopping, casa da sogra: todas essas opções podem ser bacanas, desde que se alternem ano a ano para o frescor da festa jamais se perder!

E A PEDRA NO SAPATO?

A pessoa com que Gêmeos facilmente se desentende é do signo de Touro, seu *inferno astral*. Vocês enxergam o mundo de formas opostas, daí o risco de atrito. Touro desaprova a indisciplina e a indiscrição de Gêmeos. E Gêmeos considera Touro um signo lento e monótono demais. Para a amizade engatar, aprendam a ceder, tá?

COMBINAÇÕES NAS AMIZADES

GÊMEOS E ÁRIES	Na amizade, vocês são a corda e a caçamba! Gostam de curtir festas e conhecer gente nova. São capazes de atravessar a madrugada trocando altas ideias. Ou seja, têm tudo a ver!
GÊMEOS E TOURO	É uma relação marcada pelo desequilíbrio, já que Touro, um signo discreto, considera Gêmeos espalhafatoso e pouco confiável. Para se entenderem, precisam se respeitar.
GÊMEOS E GÊMEOS	Vocês são espontâneos e esbanjam simpatia. Viram amigos do dia para a noite e os encontros são sempre vibrantes. Como não são adeptos das cobranças, a relação flui e contagia.
GÊMEOS E CÂNCER	Os pontos de vista são contrastantes: Gêmeos tem uma vida social mega-agitada, já o eixo de Câncer é o sentimento, o silêncio, o mundo interior. Nada fácil essa conexão, viu?
GÊMEOS E LEÃO	Maravilhosa combinação! Vocês adoram se divertir juntos e incluir na rotina umas colheradas de aventura. Tornam-se parceiros rapidamente e essa ligação é para a vida toda!
GÊMEOS E VIRGEM	Conquistar o amigo de Virgem é um presente para a vida, já que esse signo é um poço de lealdade. Mas, para isso, Gêmeos precisa provar que é digno dessa amizade.
GÊMEOS E LIBRA	Não é que vocês falam a mesma língua? O colega libriano entende a necessidade de movimento de Gêmeos. E o colega geminiano aprova o ideal de harmonia pelo qual Libra batalha.
GÊMEOS E ESCORPIÃO	Para o gosto escorpiano, Gêmeos é inconstante e não passa a confiança necessária para a construção de uma amizade. Já o colega geminiano acha Escorpião um pouco dramático.
GÊMEOS E SAGITÁRIO	Assim que se tornam amigos, o excesso de franqueza de Sagitário arranca boas risadas de Gêmeos. Mas, aos poucos, o amigo geminiano pode enjoar dessa sinceridade toda.
GÊMEOS E CAPRICÓRNIO	Centrado e responsável, o amigo capricorniano acha a indiscrição e a desorganização de Gêmeos uma verdadeira bagunça. Para a amizade prosperar, precisam se respeitar mais.
GÊMEOS E AQUÁRIO	Bela amizade! Vocês têm mil assuntos para conversar e costumam se entender pelo olhar. Um apóia os projetos do outro em uma relação que pode até se transformar em sociedade, viu?
GÊMEOS E PEIXES	A sensibilidade pisciana pode ser um problema para Gêmeos, que nem sempre sabe medir as palavras no dia a dia. Uma vez magoado, Peixes se isola e a amizade definha, uma pena.

GÊMEOS E O TRABALHO

Sua grande capacidade de encontrar soluções para os mais variados problemas é sua principal arma no mundo corporativo. A inteligência de Gêmeos é notável e, quando se alia à criatividade desse signo, não tem pra ninguém!

Você gosta de desempenhar atividades diferentes ao longo da sua trajetória profissional, já que sua inspiração só funciona diante de um combustível muito especial: a novidade! Por isso, as melhores tarefas que podem lhe ser delegadas são aquelas que exigem imaginação, diplomacia e socialização com os colegas.

Nesse quesito — relacionamento com a equipe —, seu signo nada de braçada! Gêmeos é a simpatia em pessoa, por isso é muito fácil ficar à vontade na sua companhia. É como se você ostentasse um ímã invisível na testa, capaz de agregar parceiros e aliados.

O que é necessário corrigir? Sua indisciplina! Observar melhor os horários, aceitar as regras, encerrar as pendências: tudo isso pode melhorar sua reputação profissional. Que tal começar agora?

RELAÇÃO COM DINHEIRO

Em alguns períodos do ano, você controla seus gastos direitinho; em outros, torra o salário mensal em uma semana! Essa instabilidade impede que faça planejamentos em longo prazo, então, a dica é ter mais autocontrole para não entrar no vermelho, valeu?

PROFISSÕES INDICADAS

Atividades que permitem a livre expressão do seu poder de comunicação são excelentes: jornalismo, marketing digital, vendas, magistério e produção cultural. Você também pode alcançar o sucesso com turismo, cinema, transportes, relações públicas, criação de textos e roteiros, assessoria de imprensa, setor automotivo e organização de festas e eventos.

COMBINAÇÕES NO TRABALHO

GÊMEOS E ÁRIES	O colega ariano aprova o dinamismo de Gêmeos. E o colega geminiano dá incentivo para Áries explorar seus 1.001 talentos. É uma parceria que funciona, desde que haja disciplina.
GÊMEOS E TOURO	Para o pacato colega taurino, a velocidade com que Gêmeos faz as coisas no serviço não é saudável. O colega geminiano, por sua vez, acha Touro uma lentidão só! Complicado.
GÊMEOS E GÊMEOS	Quando se associam no trabalho, a criatividade transborda. O problema é que ambos precisam de foco para concluir pendências e tarefas. A dica é colocar os pés no chão, valeu?
GÊMEOS E CÂNCER	Para render na carreira, Câncer precisa de segurança, mas Gêmeos é elétrico demais para transmitir estabilidade a alguém. Conclusão: o colega canceriano fica sempre ressabiado.
GÊMEOS E LEÃO	Os dois são movidos a pilha alcalina! Essa sintonia anima o convívio e também motiva toda a equipe. O colega geminiano só precisa resistir à tentação de competir com Leão, ok?
GÊMEOS E VIRGEM	No trabalho, o jeito certinho de Virgem deixa Gêmeos injuriado! Isso porque o colega geminiano está sempre disposto a desafiar as regras e promover mudanças. Parceria embaçada.
GÊMEOS E LIBRA	Os dois mandam bem no serviço, porque têm raciocínio rápido e sabem se entrosar com todo mundo. Mas tendem a se distrair e deixar as obrigações para depois. Ajustem o foco!
GÊMEOS E ESCORPIÃO	Dupla profissional bastante eficiente: um levanta, o outro corta. Gêmeos admira a esperteza de Escorpião que, por sua vez, considera o máximo o dinamismo geminiano. Tudo a ver!
GÊMEOS E SAGITÁRIO	Quando se associam no trabalho, vocês cativam os colegas, graças a um mix de otimismo e imaginação. O que falta a essa dupla é mais senso prático para garantir produtividade.
GÊMEOS E CAPRICÓRNIO	Enquanto Gêmeos liga sua usina de ideias para renovar a rotina no serviço, Capricórnio fica na retaguarda para colocar a mão na massa. Um precisa se adaptar ao outro, valeu?
GÊMEOS E AQUÁRIO	No ambiente profissional, vocês fazem cestas de três no quesito criatividade: sabem resolver pepinos e também inovar processos. Porém, um dos dois precisa ser mais prático, tá?
GÊMEOS E PEIXES	Quando sente segurança nessa parceria, Peixes se mostra um fantástico colaborador. Os dois também têm ideias originais, o que ajuda a reforçar as afinidades. Boa combinação!

CÂNCER

21/06 – 21/07

CÂNCER, VOCÊ É ASSIM...

O signo mais intuitivo do Zodíaco é movido pelas emoções. Por isso, tudo o que cerca esse nobre sentimento faz parte do DNA canceriano: a sensibilidade, o saudosismo, a memória, a necessidade de segurança afetiva, o instinto de proteção... Você é uma pessoa amorosa, sonhadora, solidária, gentil e companheira. Precisa criar vínculos para se sentir em paz e faz disso um propósito de vida. Sem amor, Câncer perde boa parte da sua identidade, sabia?

5 PONTOS POSITIVOS	5 PONTOS NEGATIVOS
1. Sabe dar carinho.	**1.** Humor vive na gangorra.
2. Valoriza a família.	**2.** Pode ser "grudento".
3. Tem sonhos premonitórios.	**3.** Sente ciúme e sofre.
4. Toca o coração das pessoas.	**4.** Guardador oficial de mágoas.
5. Cria relações sinceras.	**5.** Às vezes, se faz de vítima.

FRASE DIVERTIDA DO SIGNO

"Manhêêê!!!"

A PERSONALIDADE DE CÂNCER

Exatamente como a Água, regente do seu signo, você pode acordar com a serenidade de um lago e, ao longo do dia, esbravejar como um tsunami! É fácil entender essa gangorra de sentimentos: Câncer é um signo guiado pelas emoções, e as vibrações emocionais, como se sabe, não são imutáveis. Estão sempre dançando ao sabor do vento, do astral e das conexões construídas com as pessoas dia após dia. Essas conexões são a parte mais importante da sua vida, porque expressões de carinho são o que ajudam a cimentar o alicerce da sua felicidade. Por isso, se não houver união familiar e uma rede de amigos adoráveis, Câncer se sente incompleto. Da mesma forma, importa muito para esse signo uma vida sentimental estável.

Assim, o amor é um componente vital na sua história. No caso, não apenas o amor romântico (embora esse esteja no topo das suas prioridades!), mas também o afeto trocado com familiares, amigos e colegas de trabalho. No ambiente profissional, por sinal, os cancerianos são considerados extremamente acolhedores. Como entende a alma humana de um jeito único, esse signo se destaca na arte da camaradagem.

Outro aspecto notável da sua personalidade é a intuição. Graças à sua sensibilidade poderosa, você compreende o mundo um pouco mais a cada dia e navega com destreza no vasto oceano das emoções humanas.

A INFLUÊNCIA DA LUA E SUA MISSÃO

A natureza sentimental de Câncer é um presente da Lua, que governa esse signo. E é a Lua, astro de essência feminina, a responsável por algumas das mais singulares características cancerianas: o desejo de proteger quem ama, o sexto sentido desenvolvido e as bruscas mudanças de humor.

Em combinação com a Água, a Lua nutre os profundos sentimentos desse signo e suas relações especiais com suas raízes, suas lembranças e as figuras femininas da sua história.

Cultivar esses relacionamentos alimenta a missão de Câncer, que é exaltar o papel da família e dispersar por aí as sementes do amor, da paz e da harmonia, ainda que precise enfrentar alguns fantasmas, como a carência, o ciúme e a falta de autoconfiança.

RESUMINDO...

- **Palavra de ordem:** sentimento
- **Alegra seu coração:** colo de mãe (ou de vó)
- **Tira você do sério:** gente ingrata
- **É muito importante:** saber com quem se pode contar
- **Não é fácil, mas é preciso:** controlar o próprio humor
- **Não existe, mas bem que poderia:** chuva colorida

CÂNCER E A PAQUERA

Como a espinha dorsal da sua vida é a estabilidade no amor, você investe tempo, energia e talento na conquista. Não faz o tipo atirado, porque seu temperamento é reservado, mas usa toda a sua intuição para perceber o interesse da pessoa amada. Antes de qualquer um, consegue identificar sinais faciais e corporais que sugerem reciprocidade aos seus sentimentos. Nesse caso, sente segurança suficiente para se aproximar e derramar seu charme. E que charme! Câncer tem um jeito todo especial de abordar seu alvo, porque é sensível e sabe agradar logo no primeiro bote. Sem pressa, vai chegando e revelando delicadeza, palavras doces e um olhar intenso, capaz de hipnotizar a "presa".

Ainda que enfrente resistência diante das primeiras investidas, você não tira o time de campo, sobretudo se pressentir que o lance pode dar samba. Os próprios instintos funcionam como uma bússola para Câncer e raramente decepcionam, viu?

SENTIMENTO DE POSSE

Agora, mesmo que a paquera não tenha se transformado em namoro, há um elemento indigesto nesse lance que nunca dá trégua: a possessividade de Câncer. Esse signo estoura o termômetro do ciúme, porque deposita muitas esperanças em uma conquista amorosa e não tolera a ideia de ser trocado por alguém. Mas essa marcação cerrada pode enterrar as chances de um romance. Então, é preciso se policiar.

QUEM FATURA O CORAÇÃO DE CÂNCER?

Uma pessoa madura e completamente devotada ao romance. Alguém que esteja a fim de uma união sincera e se comprometa com o futuro conjugal. O par ideal de Câncer precisa demonstrar desejo de formar família e contribuir para os sonhos do casal: casa própria, educação de qualidade para os filhos etc. O coração canceriano não quer saber de aventura!

COMBINAÇÕES NA PAQUERA

CÂNCER E ÁRIES	Na paquera, rola uma atração gostosa e há boas chances de curtirem momentos prazerosos juntos. Mas o par ariano é agressivo e pode ferir com as palavras. Câncer dispensa isso.
CÂNCER E TOURO	Nenhum dos dois é ousado na conquista e é aí que mora a magia: vocês procuram perceber a intenção um do outro com um misto de curiosidade e sedução discreta. Combinação linda!
CÂNCER E GÊMEOS	Gêmeos é um signo livre demais para o paladar canceriano. Enquanto Câncer quer namorar certinho, o par geminiano só pensa em diversão e aventura. Tá aí um lance complicado, viu?
CÂNCER E CÂNCER	Sensíveis, vocês têm o dom de reparar um no outro com cuidado. Quando se conhecem e rolam uns beijos, comprovam a afinidade, abrindo alas para um romance gostoso e estável.
CÂNCER E LEÃO	Sai até faísca dessa paquera! Enquanto o par leonino quer que suas vontades sejam atendidas prontamente, Câncer fica sem paciência para esse tipo de coisa. Bem estressante, viu?
CÂNCER E VIRGEM	Virgem não se sente à vontade para declarar seus sentimentos na conquista, mas é um parceiro fiel, do jeito que Câncer gosta. Com a convivência, os laços vão se fortalecendo.
CÂNCER E LIBRA	Olhares cheios de paixão são a marca dessa paquera. Libra é um signo romântico e, para Câncer, essa característica faz o lance decolar. O que pode melar é o ciúme canceriano.
CÂNCER E ESCORPIÃO	Escorpião é o *paraíso astral* de Câncer, o que garante uma proteção especial das estrelas. A sedução é cheia de emoções e pode caminhar para um romance quente!
CÂNCER E SAGITÁRIO	A paquera começa a capengar quando os programas não batem: Sagitário quer se divertir na balada, enquanto Câncer prefere um programinha caseiro. É bem complicado conciliar...
CÂNCER E CAPRICÓRNIO	Capricórnio demora para jogar sinais na conquista, o que aumenta a aflição de Câncer. Mas o par canceriano é sensível e sabe esperar. Que bom, porque essa combinação é um show!
CÂNCER E AQUÁRIO	Acontece que vocês são água e vinho. O par canceriano precisa se emocionar para se encantar por alguém, mas Aquário é racional e não liga para isso. Podem até se estranhar.
CÂNCER E PEIXES	Uma atmosfera de magia se instala nesse lance, emocionando os corações de Câncer e Peixes. Vocês se entendem até pelo olhar e podem curtir uma paixão duradoura e deliciosa.

CÂNCER E O ROMANCE

Quando a paquera evolui para namoro, Câncer fica mais arrojado e começa a demonstrar todos os seus encantos. Esse signo é fofo, atencioso e adorável ao lidar com a pessoa amada, já que tem a plena certeza de que encontrou sua alma gêmea.

Ainda que acorde, de vez em quando, com o pé esquerdo e de humor azedo, você vai amolecendo seu coração diante dos primeiros carinhos matinais do seu par. O objetivo de Câncer é fazer com que o romance se consolide para que a formação da família seja uma consequência natural do convívio conjugal.

No relacionamento afetivo, esse signo prefere os programas caseiros. Como seu lar é seu porto seguro, você adora criar um clima de aconchego para curtir a companhia do seu bem sem ninguém atrapalhar.

O principal desafio é controlar o sentimento de posse. Não é incomum Câncer sentir ciúme de colegas da sua cara-metade. É um comportamento perigoso e que pode balançar as estruturas da sua relação, viu?

E SE CHEGAR AO FIM?

O rompimento do romance dói demais! Como Câncer cria altas expectativas quando se apaixona, encara o fim do relacionamento como um sonho que se desfez. Pode levar um tempo para voltar a sentir vontade de amar mais uma vez. Até lá, o apoio dos parentes e amigos próximos é fundamental para amenizar o sofrimento.

CÂNCER E A INFIDELIDADE

A traição é um golpe profundo no coração de Câncer. Esse signo fica arrasado ao descobrir uma infidelidade e pode colocar um ponto final na união sem hesitar. E se for o contrário? Caso considere que o par anda distante ou cometendo grosseiras, Câncer pode viver um caso de amor secreto para buscar consolo.

COMBINAÇÕES NO ROMANCE

CÂNCER E ÁRIES	Se a paquera sobreviver à etapa inicial e virar namoro, vocês podem encontrar uma conexão. Mas o par canceriano deve deixar Áries mais livre. Do contrário, o parafuso espana.
CÂNCER E TOURO	Quando esse lance engata, Câncer e Touro curtem uma paixão com pegada! O par canceriano é superdedicado e Touro retribui com fidelidade e segurança emocional. Soltem rojões!
CÂNCER E GÊMEOS	Como Gêmeos é o *inferno astral* de Câncer, os desafios marcam essa união. Para ser feliz, o par canceriano quer compromisso, mas o par geminiano treme na base só ao ouvir isso...
CÂNCER E CÂNCER	Combinação abençoada pelas estrelas! Vocês se entregam de corpo e alma a esse relacionamento amoroso e se esforçam muito para a união durar a vida toda, com afeto e respeito.
CÂNCER E LEÃO	Se o amor falar mais alto e vocês selarem compromisso, vão precisar de tolerância no dia a dia. O jeito orgulhoso de Leão é irritante para Câncer, gerando mil ressentimentos.
CÂNCER E VIRGEM	É uma dobradinha bem promissora no romance, embora o par virginiano não seja craque em demonstrar sentimentos. Cabe a Câncer reafirmar seu amor para Virgem se sentir confiante.
CÂNCER E LIBRA	O par canceriano adora os carinhos de Libra e aposta suas fichas nesse lance. Mas o par libriano não gosta de se sentir sufocado, então, cabe a Câncer deixar seu amor respirar.
CÂNCER E ESCORPIÃO	Quando se envolvem, vocês mergulham em um oceano de desejo e paixão! Os sentimentos são tão intensos que seus corações ficam marcados para sempre, caso a união termine um dia.
CÂNCER E SAGITÁRIO	Se estiverem apaixonados, vão precisar de muita compreensão para essa relação florescer. Os dois têm que aprender a ceder e a compartilhar seus mundos. Não é nada fácil, não.
CÂNCER E CAPRICÓRNIO	Embora o par capricorniano seja guiado pela razão e Câncer pela emoção, esse romance pode ser selado no altar. O motivo: Capricórnio dá estabilidade emocional ao par canceriano.
CÂNCER E AQUÁRIO	Se o sentimento for mais forte do que a inconstância da paquera, os dois precisam ser pacientes para o relacionamento progredir. Cuidado, pois brigas não estão descartadas.
CÂNCER E PEIXES	Quando se comprometem pra valer, os dois capricham nos carinhos e nas juras de amor. É uma parceria marcada pela cumplicidade e pela doçura. Podem se casar e formar família!

CÂNCER E O SEXO

Não é verdade que você só transa se estiver completamente rendido afetivamente por alguém. Mas não dá para negar que o amor tem uma participação decisiva nas experiências sexuais de Câncer: seu signo adora associar esse momento a um conjunto de sentimentos, como ternura, confiança, amizade, dedicação e cumplicidade.

Não por acaso, seu cenário sexual ideal é um ambiente romântico, que inclui um tapete felpudo, uma lareira com calor suave, almofadas fofinhas, duas taças de vinho e duas bocas aflitas, completamente sedentas de paixão... Uau!

As palavras têm uma força poderosa sobre a imaginação de Câncer. Por isso, se seu par reafirmar, na hora H, o quanto está apaixonado, os desejos cancerianos acendem no mesmo instante. Preliminares são muito importantes, porque você gosta de fazer amor com calma e cuidado, a fim de saborear devagarzinho cada deliciosa sensação de prazer.

TOQUE QUENTE

As regiões erógenas de Câncer são os seios e a parte interna das coxas. Todas as posições sexuais podem entrar no seu cardápio, desde que sejam regadas a beijos e carícias. Na intimidade, você se empenha para seu par levitar de prazer, já que a satisfação do outro é afrodisíaca para o seu signo.

NO MUNDO DAS FANTASIAS

O romantismo é o principal "acessório" para você entregar os pontos no rala e rola. Assim, ouvir uma declaração de amor ajuda a eliminar suas inibições, dando corda para o seu tesão. Uma vivência sexual rica para seu signo é transar na água, por isso um investimento de ouro é contar com uma banheira em casa. Outra alternativa é fazer amor debaixo do chuveiro — já tentou?

COMBINAÇÕES NO SEXO

CÂNCER E ÁRIES	Na cama, essa combinação atinge seu auge! O tesão de Câncer dobra de tamanho diante do absoluto fogo ariano. É até possível que o sexo suavize as diferenças entre vocês, viu?
CÂNCER E TOURO	Espere uma sintonia bem gostosa entre os lençóis. Touro conhece de cor e salteado todos os macetes da sedução e Câncer corresponde às investidas com ternura e devoção ao par.
CÂNCER E GÊMEOS	Embora sejam totalmente diferentes, a atração física é grande entre vocês. Curioso, Gêmeos quer desvendar Câncer na intimidade. Por isso, sexualmente, rola uma conexão, sim.
CÂNCER E CÂNCER	Para esses xarás astrais, a temperatura do sexo caminha ao lado da temperatura do amor. Se estiver tudo bem no romance, ótimo. Do contrário, a transa pode esfriar ou emperrar.
CÂNCER E LEÃO	O sexo alivia os contrastes e é interessante no comecinho da paixão. Mas o par leonino não se envolve tanto quanto Câncer, que acaba se sentindo travado na hora H.
CÂNCER E VIRGEM	As primeiras vezes podem ser frustrantes, porque o par virginiano não relaxa logo de cara. Tudo muda quando Câncer assume a dianteira e vai desbravando os caminhos do prazer.
CÂNCER E LIBRA	Entre quatro paredes, vocês falam a mesma língua: são sedutores e envolventes. Se houver amor e confiança mútua, podem esperar experiências inesquecíveis e cheias de tesão.
CÂNCER E ESCORPIÃO	Como o par escorpiano é um vulcão na intimidade, Câncer se joga de cabeça nesse lance para aproveitar todas as sensações. Linda combinação, sobretudo se houver amor envolvido.
CÂNCER E SAGITÁRIO	Na cama, as diferenças que sobressaem no dia a dia perdem a força, já que a atração física entre vocês é gigante. Mas Câncer precisa ensinar Sagitário a prolongar o prazer, tá?
CÂNCER E CAPRICÓRNIO	Uma forte atração cola Câncer e Capricórnio! Ainda que o par capricorniano não seja um poço de ternura e carinho, a sensualidade desse signo satisfaz Câncer no ninho de amor.
CÂNCER E AQUÁRIO	Na hora H, o estresse desaparece logo nas primeiras carícias... Um se sente fisgado pelo outro, e as transas são intensas. Aquário adora inventar moda e Câncer embarca fácil!
CÂNCER E PEIXES	Vocês são tão sensíveis que acabam "adivinhando" os desejos um do outro na intimidade. Como sabem agradar e prolongar as preliminares, o resultado é uma explosão de prazer!

CÂNCER E AS AMIZADES

Câncer conta nos dedos de uma mão seus verdadeiros amigos. Para esse signo, qualidade importa mais do que quantidade, por isso uma turma grande, dispersa e desagregada não faz sentido para você. O melhor mesmo é contar com companheiros que já se mostraram merecedores da sua dedicação e do seu carinho: esses amigos do peito têm status de irmãos!

Assim, nada melhor do que abrir as portas da sua casa para essa galera tão especial, certo? Seu signo sabe receber bem e ama preparar especialidades gastronômicas para os bons de garfo. Nos encontros, rolam muitas histórias divertidas e comoventes do passado, que ocupa uma posição de honra na sua escala de valores.

Mas tem uma coisa: você tem horror a gente ingrata! Assim, se seus camaradas não souberem retribuir a atenção dispensada a eles, você se magoa bastante. Isso precisa ser moderado, assim como seu ciúme. Que história é essa de não ir com a cara dos amigos dos seus amigos? Precisa praticar o desapego, Câncer!

FELIZ ANIVERSÁRIO!

Você escolhe a sua casa para celebrar mais um ano de vida: é no seu cantinho que se sente à vontade para dar as boas-vindas aos amigos e aos familiares convidados para esse momento tão especial. Aniversário é uma data muito estimada por Câncer, um signo hipersensível a memórias e também afetos.

E A PEDRA NO SAPATO?

O signo que mais incomoda seu caminhar é Gêmeos, seu *inferno astral*. Na opinião de Câncer, os geminianos são excessivamente desapegados e indignos de confiança. Por sua vez, Gêmeos considera Câncer complicado, dependente e até um pouco exagerado. Para essa amizade se fortalecer, vocês precisam se esforçar pra valer.

COMBINAÇÕES NAS AMIZADES

CÂNCER E ÁRIES	O céu dessa amizade se alterna entre tempo bom e fortes tempestades. Às vezes, vocês se divertem juntos, outras vezes não se suportam. Os dois precisam aprender a ceder, tá?
CÂNCER E TOURO	Que espetáculo de combinação! Os dois são leais e cúmplices. Têm gostos parecidos e conversam sobre todos os assuntos. Tendem a aproximar suas famílias quando ficam íntimos.
CÂNCER E GÊMEOS	Para consolidar uma amizade, Câncer precisa se sentir amado e valorizado. Gêmeos nem repara nessas exigências, e isso é mais do que suficiente para distanciar vocês.
CÂNCER E CÂNCER	Vocês são guiados pelo coração e, quando se tornam amigos, dedicam-se mesmo a essa relação. Ainda que fiquem um tempão sem se ver, os reencontros são sempre bem emocionantes.
CÂNCER E LEÃO	Câncer até admira a generosidade de Leão, mas acha que falta um pouco mais de humildade a esse amigo. Conclusão: vocês não se entrosam direito e seguem suas vidas separadamente.
CÂNCER E VIRGEM	Sabia que a amizade é o ponto alto dessa combinação? Virgem cuida bem dessa relação e está sempre pronto para emprestar um ombro amigo. O coração canceriano sorri e agradece!
CÂNCER E LIBRA	Vocês ficam amigos bem rapidinho, mas Câncer é exclusivista demais e pode considerar as inúmeras amizades de Libra um sinal de descaso, uma falta de respeito.
CÂNCER E ESCORPIÃO	Essa relação verdadeira esbanja honestidade e carinho. Escorpião é um companheiro para todas as horas, que enxerga em Câncer um amigo sincero, presente e solidário.
CÂNCER E SAGITÁRIO	Sagitário não tem parada, enquanto Câncer cuida muito bem da sua casa e das suas raízes para se sentir vivo. Essa divergência de ritmos acaba não dando liga para a amizade.
CÂNCER E CAPRICÓRNIO	Se Câncer não se importar com o jeito meio distante de Capricórnio, a amizade pode funcionar. O amigo capricorniano compensa isso, pois é prestativo e não age com falsidade.
CÂNCER E AQUÁRIO	O amigo aquariano até valoriza essa parceria, mas Câncer é exigente demais e quer atenção plena. Como não recebe, se frustra e vai procurar outras companhias mais dedicadas.
CÂNCER E PEIXES	Na alegria e na tristeza, Peixes comparece na vida de Câncer para oferecer gentileza, conforto e companheirismo. É uma amizade singular, que faz a alma canceriana vibrar, viu?

CÂNCER E O TRABALHO

Você se doa sem medida ao local onde trabalha, já que considera seus colegas de profissão uma segunda família. No dia a dia, colabora com todo mundo e não se recusa a ajudar quem estiver começando, graças ao seu enorme coração.

O trabalho tem um significado precioso para Câncer: é o meio pelo qual é possível garantir o sustento e a segurança da sua família. Então, não falta dedicação aos cancerianos quando abraçam um ofício e colocam a mão na massa.

Além da facilidade de trabalhar em equipe, uma de suas mais destacadas qualidades é a intuição. Seu faro privilegiado permite a você perceber antecipadamente os caminhos do mercado e as preferências da clientela. Que tal usar isso para crescer na carreira?

E o ponto fraco? O mais perigoso é a falta de fé no próprio taco. Ao se sentir pressionado ou entupido de responsabilidades, Câncer, assim como o caranguejo, tende a se fechar para se proteger. Nessa hora, faça o inverso e busque ajuda, apoio e conselhos, ok?

RELAÇÃO COM DINHEIRO

Câncer detesta esbanjar! Como é um profissional devotado ao trabalho, sabe o valor de cada centavo, por isso aprende a economizar desde cedo. Seu foco é a segurança material, além do conforto do pessoal de casa. Uma curiosidade: esse signo é mestre em pechinchar...

PROFISSÕES INDICADAS

Os setores ideais para Câncer são aqueles que exigem contato humano e capacidade intuitiva, como magistério, gastronomia, recursos humanos, hotelaria e saúde. Esse signo também pode ser dar bem como cuidador de idosos, recreacionista, historiador, publicitário, comerciante, arquiteto, construtor, confeiteiro, romancista, terapeuta ocupacional e psicólogo.

COMBINAÇÕES NO TRABALHO

CÂNCER E ÁRIES	Para o relacionamento fluir no trabalho, cabe a Câncer ter mais jogo de cintura para lidar com a impulsividade ariana. Entrar em dividida com o colega de Áries? Nem pensar!
CÂNCER E TOURO	Profissionalmente, o colega taurino ensina Câncer a agir de modo mais objetivo. Por sua vez, o colega canceriano ajuda Touro a desenvolver sua intuição. Um completa o outro.
CÂNCER E GÊMEOS	O colega geminiano é um foguete no serviço e todo esse pique impressiona Câncer. Podem se dar bem em algumas tarefas, mas o colega canceriano não consegue confiar em Gêmeos.
CÂNCER E CÂNCER	A soma de forças no trabalho costuma ser pacífica, pois vocês gostam de se sentir úteis. O principal obstáculo é o mau humor canceriano. Às vezes, você acorda atacado!
CÂNCER E LEÃO	Não é a parceria mais incrível da galáxia, não! Leão adora ser mimado e Câncer pega birra desse comportamento. Se precisarem conviver como colegas, sejam mais flexíveis, tá?
CÂNCER E VIRGEM	É uma dupla que surpreende no serviço, viu? Os dois são bem comprometidos e gostam de colaborar. Mas Câncer precisa controlar suas oscilações de humor para Virgem não surtar.
CÂNCER E LIBRA	Libra é um excelente colega de trabalho, que admira a poderosa intuição canceriana. Câncer, por sua vez, aplaude a simpatia libriana. Com alguns ajustes, podem se entender.
CÂNCER E ESCORPIÃO	Rolam atritos no ambiente profissional, já que Escorpião adora dar ordens e Câncer fica pistola com essa postura. Mas um ajuda o outro, e vocês acabam crescendo juntos.
CÂNCER E SAGITÁRIO	Quando trabalham lado a lado, encontram uma dinâmica só de vocês. O colega sagitariano estimula o progresso de Câncer, que retribui essa atenção com respeito e cooperação.
CÂNCER E CAPRICÓRNIO	Essa parceria é produtiva no meio profissional. Capricórnio é determinado e isso serve como motivação para Câncer. Se formarem sociedade, podem juntar uma boa grana, sabia?
CÂNCER E AQUÁRIO	O pensamento aquariano é acelerado demais e isso confunde Câncer no trabalho. Para o colega canceriano, falta senso de cooperação para Aquário, e os dois podem até discutir.
CÂNCER E PEIXES	No serviço, essa dupla combina perfeitamente. Vocês são dedicados, atenciosos e sabem dar apoio um ao outro. O único problema é que adoram jogar conversa fora. Ajustem o foco!

LEÃO

22/07 – 22/08

LEÃO, VOCÊ É ASSIM...

Não é à toa que esse signo é conhecido como o rei do Zodíaco. Assim como os leões, você carrega qualidades como força e poder de liderança. Dono de uma personalidade forte, Leão é do tipo que não se intimida na hora de assumir o comando em qualquer situação. Isso sem falar no talento para seduzir e no magnetismo que esse signo esbanja. Sua missão é inspirar as pessoas com sua autoconfiança e determinação. Abram alas, porque Leão quer passar e brilhar!

5 PONTOS POSITIVOS

1. Quanto poder!
2. Lidera sem medo.
3. Tem ousadia e alegria.
4. É superlegal.
5. Seduz sem fazer esforço.

5 PONTOS NEGATIVOS

1. Gosta de se exibir.
2. Acha que é a última bolacha do pacote...
3. Perde a paciência num minuto.
4. Detesta mudar de opinião.
5. Raramente reconhece que errou.

FRASE DIVERTIDA DO SIGNO

"Leão não nasce, Leão estreia!"

A PERSONALIDADE DE LEÃO

Leão gosta de causar impacto, ser o centro das atenções, receber aplausos da plateia. E esse papel não é difícil para esse signo, afinal, quem é o mais majestoso? Muitas qualidades ajudam nessa caminhada rumo ao estrelato, já que os leoninos são vaidosos, criativos, talentosos e carismáticos.

Como conhece muito bem seu potencial, você não aceita nada menos do que acredita que merece em todos os setores da vida. Por isso, tem uma voz de comando muito forte. Lidera, coordena, organiza! O problema é que lhe faltam um pouco de tato e jogo de cintura. Aí, quando alguém ousa questionar a sua ordem ou desejo... sai de baixo!

Esse signo também representa a alegria, a sorte, a jovialidade e traz consigo a energia da lealdade e da generosidade. Leão recebe a influência do Fogo, que traz disposição, dinamismo, sinceridade e coragem. Além disso, as pessoas regidas por esse elemento são autênticas e intensas. Porque, assim como o Fogo, esse signo brilha!

A INFLUÊNCIA DO SOL E A SUA MISSÃO

Ainda falando sobre brilho... Dá para entender por que o Sol é o regente do seu signo. Assim como esse astro, Leão tem luz própria, que ilumina tudo e todos ao redor. Por isso, você tem bastante facilidade para chamar a atenção e se sente confortável no comando das situações. É do Sol que vem tanta autoconfiança.

E é justamente essa autoconfiança que faz parte da sua missão: encorajar as pessoas a encontrarem a crença em si mesmas, o poder que está adormecido dentro delas.

Você pode, sim, deixar sua marca no mundo. Mas, acima do próprio brilho, deve fazer isso usando seu dom de inspirar e iluminar quem convive com você.

Agora, elencadas tantas qualidades, não dá para deixar de apontar um defeitinho que pode colocar muita coisa a perder: a arrogância. Ao se considerar bom demais, você pode não enxergar a realidade. Então, fica a dica: assuma suas imperfeições!

RESUMINDO...

- **Palavra de ordem:** magnetismo
- **Alegra seu coração:** ganhar uma festa surpresa
- **Tira você do sério:** gente previsível
- **É muito importante:** deixar sua marca aonde for
- **Não é fácil, mas é preciso:** controlar o orgulho
- **Não existe, mas bem que poderia:** um país com o seu nome (tipo uma homenagem)

LEÃO E A PAQUERA

Com charme e magnetismo de sobra, o que não faltam são pretendentes querendo ganhar seu coração. E quando você é quem quer conquistar alguém, isso também não é problema. Afinal, Leão, no ranking do Zodíaco, é campeão na arte da sedução.

Seu signo é muito ligado à aparência. Então, ao mesmo tempo em que incrementa a produção quando vai encontrar aquela pessoa especial, espera o mesmo nível de capricho de volta. Gente desleixada não tem vez com você.

Chegar junto não é problema para Leão. Quando está a fim de uma pessoa, a primeira coisa que faz é bolar uma estratégia certeira de aproximação. Com o alvo na mira, joga um papo envolvente, mostrando todo o seu entusiasmo pela vida e, aos poucos, vai encantando a outra pessoa. Aí, é só dar aquele beijão poderoso e pronto!

E se a conquista não rolar facilmente, o sabor fica ainda mais especial. É que seu signo não aceita perder. Entra com tudo no jogo da sedução até conseguir atingir seu objetivo.

COLEÇÃO DE TROFÉUS

Leão gosta de vencer e não mede esforços para ganhar um beijo de quem deseja. Mas essa busca pela conquista pode se dar mais pela vaidade do que pelo sentimento propriamente dito. Aí, você pode acabar tratando as pessoas como troféus. Antes de se dedicar a fisgar o próximo alvo, que tal pensar nos motivos de estar fazendo isso, hein?

QUEM FATURA O CORAÇÃO DE LEÃO?

Alguém alegre, animado, leal e parceiro de verdade! A sua cara-metade precisa levar a sério o romance, ser paciente, atenciosa e compreensiva, principalmente para lidar com sua mania de mandar. Ah! E por último, mas não menos importante, o grande amor de Leão deve ser uma pessoa atenta para observar e elogiar todas as mudanças de visual leoninas.

COMBINAÇÕES NA PAQUERA

LEÃO E ÁRIES	Atração na certa. E, no jogo da conquista, vai sobrar atitude dos dois lados. Mas os arianos são impulsivos e podem achar que se apaixonaram quando, na verdade, é fogo de palha...
LEÃO E TOURO	Se rolar uma química, é provável que Leão tenha que dar o primeiro passo. O começo pode ser gostoso, mas a impetuosidade leonina pode deixar o par taurino inseguro.
LEÃO E GÊMEOS	A química rola naturalmente. E não deve ser nada difícil convencer Gêmeos a embarcar no clima da paixão leonina. Promessa de muitos beijos e papos pra lá de animados.
LEÃO E CÂNCER	Leão pode assustar Câncer, que não costuma gostar de gente atirada. E vamos combinar que discrição não é a cara dos leoninos, né? Se Leão colocar o pé no freio, pode rolar um lance.
LEÃO E LEÃO	Muito desejo entre esses xarás astrais. São parecidos, então, fica fácil descobrir como fisgar esse pretendente. Aliás, os beijos podem evoluir para um romance promissor.
LEÃO E VIRGEM	O jeito tímido de Virgem tende a bater de frente com o entusiasmo leonino. Como Leão não é de desistir, pode faturar o coração virginiano, mas as diferenças costumam pesar.
LEÃO E LIBRA	Libra é um signo que mexe com os sentidos leoninos. Librianos são sensuais e têm um charme que acende os desejos de Leão. Promessa de encontros ardentes e muita energia.
LEÃO E ESCORPIÃO	Sabe a frase "pode vir quente que eu estou fervendo"? Cabe certinho para esses signos especialistas no jogo de sedução. Difícil resistir ao desejo. Já no namoro, nem tudo são flores...
LEÃO E SAGITÁRIO	Sagitário tem tudo para chamar a atenção de Leão, com muito charme e alegria de viver. Da química para o envolvimento com muitos beijos, é um pulo. Combinação fabulosa!
LEÃO E CAPRICÓRNIO	Para a troca de olhares evoluir, vai ser preciso que Leão faça aquilo que sabe muito bem: chegar junto e envolver Capricórnio em todo o seu magnetismo.
LEÃO E AQUÁRIO	Dá trabalho para Leão fisgar o par de Aquário. É que o par aquariano não é muito ligado na aparência e prefere alguém bom de prosa, o que confunde Leão.
LEÃO E PEIXES	Essa não é uma conquista fácil. Mas, como gosta de desafios, Leão talvez insista até ganhar uns beijos. Pena que a sensibilidade de Peixes não combina com a impetuosidade leonina.

LEÃO E O ROMANCE

Você acredita que se apaixonar é encontrar a felicidade. Por isso, dá grande valor ao amor. Quando está em um relacionamento sério, procura mostrar o que sente e, claro, é fiel aos seus sentimentos.

Embora não queira admitir, é bastante emocional. Vive o romance com muito entusiasmo e precisa de uma relação estimulante, com pitadas de criatividade e alta empolgação. São esses ingredientes regados à admiração e à lealdade que vão manter seu interesse sempre aceso.

Seu par não costuma reclamar de monotonia. No dia a dia do namoro, não faltam surpresas deliciosas, presentinhos e noites de amor maravilhosas. Afinal, seu objetivo é ver quem ama feliz!

Agora, você espera receber em troca atenção, muito carinho e um estoque diário de elogios e lembretes do quanto é especial. Leão quer ser valorizado! Aliás, se o par quiser tirar você do sério, é só se esquecer de dizer que você ficou ótimo com a roupa que acabou de estrear ou não reparar no seu novo corte de cabelo. Deixar de enaltecer alguma conquista pessoal ou profissional de Leão é o fim da picada!

E SE CHEGAR AO FIM?

Se o namoro ou casamento acabar, é claro que você vai sofrer. Grande parte desse sofrimento é por ver um sonho chegando ao fim... Às vezes, fica mais triste por esse motivo do que pela falta que o par vai fazer. Além disso, Leão tende a culpar o ex-amor pelo fracasso da relação. Mas não é do tipo que fica remoendo mágoas. Logo, renova o arsenal do charme e vai em busca de outra paixão.

LEÃO E A INFIDELIDADE

A traição é algo que fere o orgulho leonino. Então, não é um deslize que você costuma deixar barato. Nesse caso, é bem capaz de dar o troco só para se sentir de alma lavada. Depois, parte para outra rapidinho. Sua capacidade de se recuperar é incrível!

COMBINAÇÕES NO ROMANCE

LEÃO E ÁRIES	Os dois signos são dinâmicos e divertidos. Ambos são do elemento Fogo, ou seja, o romance promete ser movimentado, intenso e cheio de paixão. Combinação superpositiva.
LEÃO E TOURO	A harmonia pode esbarrar nas diferenças. Touro é ciumento e Leão gosta de chamar a atenção. O par taurino também não cede às exigências de Leão, que adora estar no comando.
LEÃO E GÊMEOS	Ambos gostam de sair, curtir a vida e priorizam uma relação alegre. Leão se amarra no jeito comunicativo de Gêmeos, que, por sua vez, sente atração pelo charme leonino.
LEÃO E CÂNCER	Câncer é o *inferno astral* de Leão, o que já sinaliza um lance complicado. Leão é conhecido por não ter papas na língua, enquanto o par canceriano se magoa com facilidade.
LEÃO E LEÃO	Esse romance tem tudo para ser animado. Os dois adoram curtir a vida ao lado de quem amam. Um aviso: os atritos podem surgir se ambos entrarem em um clima de competição.
LEÃO E VIRGEM	É preciso ter muito amor e jogo de cintura para superar os desafios dessa união. Leão não gosta de críticas e o par virginiano é especialista em fazer cobranças.
LEÃO E LIBRA	O par libriano pode fazer Leão feliz, já que permite que o rei do Zodíaco brilhe muito! Além do que, o estilo sociável e romântico de Libra mexe com o coração leonino.
LEÃO E ESCORPIÃO	É fato que esse signos se atraem e devem ter uma relação cheia de paixão. Por outro lado, no dia a dia, o bicho pode pegar, pois os dois têm personalidade forte.
LEÃO E SAGITÁRIO	Foram feitos um para o outro! Sagitário é o *paraíso astral* de Leão e é otimista e animado, do jeito que o par leonino gosta. Esperem momentos especiais e inesquecíveis!
LEÃO E CAPRICÓRNIO	Para esse romance evoluir, é preciso que os dois cedam. É que as diferenças são grandes e acabam atropelando. Leão gosta de ganhar elogios, e Capricórnio não é de elogiar.
LEÃO E AQUÁRIO	Embora sejam diferentes, esses signos podem dar certo! Os dois são sociáveis e se entendem bem. Uma coisa que pode atrapalhar é o jeito liberal de Aquário: Leão tem que respeitar.
LEÃO E PEIXES	O par de Peixes é amoroso e a relação pode ser muito gostosa, já que não vão faltar carinho e atenção. No entanto, a carência pisciana pode ser um empecilho e tirar a paciência de Leão.

LEÃO E O SEXO

Nesse quesito, Leão merece um título duplo de rei. Além de ter um pique incrível, esbanja criatividade. E essa combinação na cama é fogo puro! Como tem uma sexualidade vibrante, você se entrega totalmente aos momentos de intimidade e espera que o par faça o mesmo.

Para atiçar seu desejo, sua cara-metade deve entrar no clima envolvente e apostar em muita sensualidade. Você curte romantismo, mas com aquela pegada mais forte, sabe? Timidez não tem vez na hora H. Faz tudo para agradar e satisfazer sua alma gêmea. Também demonstra toda sua satisfação com gemidos, sussurros e até gritos. E, se o par fizer o mesmo e, de quebra, elogiar o seu desempenho, a temperatura do seu tesão sobe mais ainda!

Se puder, você assume um personagem diferente a cada transa, já que é fã de dramatizações e detesta rotina. As regiões mais sensíveis do seu corpo são as costas e os quadris: se o par investir nas carícias nesses pontos, Leão vai ao delírio. O local da transa conta muito e, se houver um espelho em uma posição estratégica, permitindo que você assista à performance sexual, melhor ainda.

TOQUE QUENTE

Você adora posições e situações em que fique no comando. Quando está no domínio, vai ao delírio e ganha ainda mais disposição para o sexo. Mas aqui vai uma dica para tornar esse momento ainda melhor: não se concentre somente no seu prazer. Lembre-se de que tem uma outra pessoa ao seu lado que também tem desejos e quer se satisfazer, valeu?

NO MUNDO DAS FANTASIAS

Leão ama fantasias! Vai se excitar se o par sugerir que represente um papel entre quatro paredes e embarque nessa brincadeira. Vale apimentar a transa com lingeries insinuantes, acessórios eróticos e até roupas de personagens que despertam o fetiche de vocês. Que tal fazer de conta que estão protagonizando um filme erótico?

COMBINAÇÕES NO SEXO

LEÃO E ÁRIES	Na intimidade, não faltam pique e prazer quando esses signos se encontram. Os dois são ardentes e gostam de ousar e soltar a imaginação. E o melhor: ninguém costuma sair insatisfeito.
LEÃO E TOURO	Rolam bastante entrosamento e atração. Além disso, Touro não costuma deixar o par leonino na mão. Para ser perfeito, Leão precisa controlar a teimosia e dividir o comando.
LEÃO E GÊMEOS	O fogo dos leoninos acende o tesão e atiça o pique do par de Gêmeos. Se estiver à vontade, o par geminiano libera a criatividade, e aí o prazer não tem limites.
LEÃO E CÂNCER	Assim como no convívio, as diferenças também são um obstáculo na cama. Embora sinta uma atração forte, Leão curte ir direto ao ponto e Câncer gosta de romantismo.
LEÃO E LEÃO	Transas pra lá de quentes aguardam esse casal. Não é difícil resolver qualquer atrito. Agora, se por um lado, os dois são fogo puro, vão precisar pensar também no prazer um do outro.
LEÃO E VIRGEM	Não dá para negar que existe uma química aí! Mas, para Leão se sentir realmente satisfeito, precisa ser capaz de quebrar a timidez de Virgem para esse par se soltar.
LEÃO E LIBRA	Esperem momentos inesquecíveis. Mesmo que não tenha o pique de Leão, o par libriano gosta de agradar, então, costuma fazer de tudo para atender aos desejos leoninos.
LEÃO E ESCORPIÃO	Se no dia a dia rolam conflitos, na cama, esses signos são sintonia pura. E motivos não faltam: os dois são sensuais, adoram sexo e têm um fôlego invejável na hora H.
LEÃO E SAGITÁRIO	O prazer flui naturalmente entre os dois. Afinal, Sagitário curte um clima de aventura e adora inovação na intimidade. E isso é um prato cheio para Leão caprichar!
LEÃO E CAPRICÓRNIO	Tudo vai depender do quanto o par capricorniano se sentir à vontade. É que Capricórnio se torna um amante ardente à medida que vai se soltando. Cabe a Leão proporcionar isso.
LEÃO E AQUÁRIO	Se tiver paciência, o par aquariano surpreende. Embora não tenha o pique de Leão, esbanja criatividade para apimentar o sexo. Agora, se Aquário não estiver a fim, nem adianta insistir...
LEÃO E PEIXES	Na intimidade, essa combinação funciona melhor do que no namoro. Leão curte quando é elogiado e tem seus desejos realizados, e é exatamente isso o que Peixes faz.

LEÃO E AS AMIZADES

Bastante extrovertido e com uma vida social agitada, Leão vive rodeado de gente. Por onde passa, coleciona colegas e não tem tempo quente: adora participar de qualquer turma. Agora, chamar você de amigo é para poucos! É que, para ganhar esse título e, de quebra, desfrutar mais da sua intimidade, é preciso conquistar primeiro a sua confiança, certo?

Mas, quando percebe que pode confiar em alguém, Leão se transforma em um grande companheiro: uma pessoa que está pronta para ajudar a qualquer momento, e também é leal, generosa e excelente conselheira.

E seus amigos sabem muito bem que é preciso retribuir tanta dedicação, parceria e carinhos. Como? Com as mesmas gentilezas acrescidas de muitos agradecimentos e elogios, reforçando o quanto você é um superamigo!

Amigo que é amigo também vai te acompanhar nos mil eventos que você programa: festinhas, barzinho, balada... Viagem com a turma? Adora! É claro, você é quem vai querer comandar tudo. Mas o pessoal já está acostumado com seu jeitinho...

FELIZ ANIVERSÁRIO!

O que mais agrada esse signo do que uma festa surpresa preparada pelas pessoas queridas no dia do aniversário? Pensa bem: você chega por último, atrai todas as atenções e descobre que todo mundo bolou mil estratégias para despistar seu faro poderoso... Você vai ficar com aquele sorriso de orelha a orelha um tempão!

E A PEDRA NO SAPATO?

Para você, não é fácil lidar com Câncer, signo que representa seu *inferno astral*. Ele acaba sendo a pedra no seu sapato, pois como vocês têm pensamentos, gostos e personalidades muito diferentes, vira e mexe rola uma discussão. Esse signo é emocional e sensível, e pode se magoar rapidinho ao lidar com toda a impetuosidade leonina.

COMBINAÇÕES NAS AMIZADES

LEÃO E ÁRIES	Esses signos se dão superbem. Vocês são muito parecidos, adoram passeios, agitos e sabem dar valor à amizade. Vão se divertir muito! Agora, precisam aprender a domar o gênio forte.
LEÃO E TOURO	O amigo taurino é do tipo que nunca vai deixar Leão na mão. Aquela preciosidade que não dá para dispensar, sabe? No entanto, Touro exige atenção e é um pouco ciumento.
LEÃO E GÊMEOS	Um bom papo e muita simpatia! Com essas características, o amigo geminiano cativa Leão e é capaz de consolidar essa amizade em pouco tempo.
LEÃO E CÂNCER	Com personalidades diferentes, é claro que surgem atritos quando não concordam um com o outro. Para essa relação não esfriar, é fundamental uma boa dose de paciência.
LEÃO E LEÃO	Os irmãos astrais têm tudo a ver um com o outro. Leão é um signo generoso, otimista e leal nas amizades. Juntos, vocês vão honrar essa parceria por muitos anos!
LEÃO E VIRGEM	O amigo virginiano é um ótimo ouvinte e conselheiro. Porém, as diferenças com Leão costumam falar mais alto. É uma relação que pede um toque de diplomacia dos dois lados.
LEÃO E LIBRA	Leão não pode ficar sem um amigo libriano! Essa combinação é harmonia pura na amizade. Libra é generoso e consegue elevar o astral leonino. Felicidade é a palavra de ordem!
LEÃO E ESCORPIÃO	Os dois podem demorar para se abrir, mas, ao sentir que a amizade é pra valer, vão mostrar toda a lealdade e dedicação um ao outro. Intenso, Escorpião espera muito dos amigos.
LEÃO E SAGITÁRIO	Sintonia define! O amigo sagitariano entende como poucos o jeito de ser e de viver de Leão. Sagitário leva alegria e bom humor para essa relação. Essa dupla é imbatível!
LEÃO E CAPRICÓRNIO	Capricórnio, no início, pode se espantar com a personalidade forte e a impetuosidade de Leão. Mas, se passarem por cima dos contrastes, essa relação pode engatar e durar a vida toda.
LEÃO E AQUÁRIO	Uma amizade sem exigências nem julgamentos. Ao lado do amigo aquariano, não faltam bons papos. Mas Leão precisa entender que Aquário só faz o que quer e quando quer.
LEÃO E PEIXES	Embora Peixes seja um signo conhecido por ser compreensivo, é do tipo que, se rolar alguma mágoa, não consegue lidar. Pode ser que se afastem ao longo do tempo, uma pena.

LEÃO E O TRABALHO

Trabalhar duro e batalhar para atingir seus objetivos não é problema para você. Leão é do tipo que vai à luta e não descansa enquanto não chega aonde quer. Quando faz o que gosta e pode explorar toda a sua criatividade, sente-se ainda mais energizado.

Mas você se realiza mesmo é quando assume um cargo de liderança ou quando a sua função permite que você comande e coordene um projeto ou uma equipe. Leão sabe tirar o melhor de cada um, estimulando para que os colegas cresçam, produzam mais e contribuam para a empresa. Show, né? Só não pode deslizar e transformar sua liderança em autoritarismo para não colocar tudo por água abaixo. Lembre-se: diálogo sempre!

Confiante, adora assumir novas responsabilidades e desafios à medida que vai passando o tempo, pois sente que está sendo reconhecido e trilhando rumo ao sucesso. Para você, além do salário, prestígio e status fazem parte do retorno profissional desejado.

RELAÇÃO COM DINHEIRO

Você sabe muito bem as coisas boas que o dinheiro pode lhe proporcionar (e adora isso!): roupas bacanas, jantares incríveis e passeios em lugares famosos, além de presentes. Outra coisa que a grana propicia é prestígio. Quer que os outros considerem você uma pessoa vencedora e sabe que a conta bancária é uma das medidas usadas para avaliar esse sucesso. Por tudo isso, acaba sendo impulsivo e, muitas vezes, o tiro sai pela culatra e você entra no vermelho.

PROFISSÕES INDICADAS

As atividades que precisam de criatividade e dom para liderar têm tudo a ver com você! Deve fazer sucesso em áreas artísticas, produção de eventos, como gerente ou vendedor. Outras setores que são a cara de Leão: festas, moda, *pet shop*, restaurantes, teatro e cinema.

COMBINAÇÕES NO TRABALHO

LEÃO E ÁRIES	Esses signos compartilham muitas semelhanças. Ambos são ativos e cheios de atitude. Isso faz com que se completem, mas podem também se estressar caso resolvam entrar em disputas.
LEÃO E TOURO	Combinação destinada ao sucesso ao unir o empenho taurino com a criatividade leonina. Agora, Leão gosta de mandar e Touro tende a ser teimoso. Precisam ter tolerância.
LEÃO E GÊMEOS	O colega de Gêmeos traz agilidade e uma boa dose de comunicação, capazes de inspirar Leão. Mas, se rolar competição entre os dois, pode ser difícil manter a harmonia.
LEÃO E CÂNCER	Talvez seja complicado vocês entrarem em um acordo no trabalho. É que pensam e agem de formas muito diferentes. O desejo de brilhar de Leão pode causar insegurança no colega canceriano.
LEÃO E LEÃO	Gostam de trabalhar duro, de soltar a criatividade e são muito confiantes. No entanto, o talento e o gosto para comandar devem causar confrontos. Aí, um vai ter que ceder...
LEÃO E VIRGEM	O colega virginiano tem tudo para ser um excelente aliado. Esse signo é um exemplo de disciplina e organização. Mas tem uma característica que pode tirar Leão do sério: ama fazer uma crítica.
LEÃO E LIBRA	Toda equipe precisa de um libriano — esse é um signo com ótimo jogo de cintura. Se, por um lado, Leão ganha alguém que é pau para toda obra, você pode inspirar o colega com sua coragem.
LEÃO E ESCORPIÃO	Escorpião é perspicaz e determinado, o que é muito bom no serviço. Mas não faz concessões e isso pode ser um grande problema para o colega leonino.
LEÃO E SAGITÁRIO	Vocês se completam no ambiente profissional. E o colega sagitariano apoia suas iniciativas e aplaude o seu sucesso. Agora, os dois devem maneirar no papo para não atrapalhar o serviço.
LEÃO E CAPRICÓRNIO	Não há trabalho impossível para essa dupla. O colega capricorniano traz sua perseverança e eficiência para somar forças com a garra e a confiança leoninas.
LEÃO E AQUÁRIO	Criatividade e cooperação são trunfos dessa dupla. Uma dica para o sucesso ser ainda mais certeiro: aprendam a identificar a hora de manter os pés no chão, valeu?
LEÃO E PEIXES	O colega de Peixes revela muitas qualidades no ambiente de trabalho, mas é uma pessoa sensível e Leão pode ser autoritário demais. Complicado esse entrosamento, viu?

VIRGEM

23/08 – 22/09

VIRGEM, VOCÊ É ASSIM...

Seu signo tem um olhar de raio-x, capaz de captar detalhes que passam despercebidos para qualquer outra pessoa. Seu poder de observação é tão incrível que consegue notar facilmente se alguém tirou alguma coisa sua do lugar, por exemplo. Aliás, outra característica bem forte de Virgem é a organização. Acredita que as coisas não caminham sem ela. Extremamente racional, também analisa as situações antes de agir, pois gosta de se precaver em qualquer situação.

5 PONTOS POSITIVOS

1. É a organização em pessoa.
2. Dá bons conselhos.
3. Nunca atrasa.
4. Gosta de tudo no capricho.
5. Sempre estende a mão.

5 PONTOS NEGATIVOS

1. Xerife da crítica.
2. É duro consigo mesmo.
3. Um pouco pessimista.
4. Preocupa-se demais.
5. Tranca as emoções.

FRASE DIVERTIDA DO SIGNO

"Se tudo está no lugar, não consigo me irritar!"

A PERSONALIDADE DE VIRGEM

O dom de Virgem é organizar e analisar. E você, virginiano, faz isso com uma facilidade invejável para os outros signos. Em qualquer setor da sua vida, avalia tudo com detalhes e, assim, detecta falhas quase imperceptíveis. Se por um lado esse pode ser considerado um talento, por outro, é seu calcanhar de Aquiles, ou seja, um ponto muito vulnerável da sua personalidade, sabe?

Com esse jeito metódico e organizado, torna os ambientes disciplinados e produtivos. É como se tudo aquilo que você tocasse virasse ouro. Isso explica seu cuidado com as regras, a atenção aos processos e a forma sistemática como trabalha. Mas, se não souber o limite do perfeccionismo, tudo fica chato e repetitivo. O excesso de críticas pode até afastar as pessoas queridas e, como não poupa nem a si mesmo, não é raro sofrer com baixa autoestima, viu?

Mas esse signo também é generoso, está sempre pronto para se doar e usar suas capacidades para o bem dos outros. A Terra é o elemento que rege Virgem e traz à sua personalidade muita objetividade e sensatez. Essa influência coloca seus pés no chão na hora de interpretar a realidade ao seu redor. Não por acaso, você prefere um relacionamento amoroso estável e é uma pessoa superfocada na profissão.

A INFLUÊNCIA DE MERCÚRIO E A SUA MISSÃO

Dificilmente, você consegue se desligar do que acontece ao seu redor. Essa influência vem do seu planeta regente, Mercúrio. Como ele gira com grande rapidez ao redor do Sol, provoca uma certa inquietação no seu signo. Sabe aquela sensação de que você precisa se preparar para tudo o que pode acontecer? Pois é... Esse estado de alerta é herança do seu regente. Mercúrio também estimula o seu jeito prático, observador e profundamente analítico.

Todas essas características contribuem para a sua missão, que é estimular as pessoas a melhorarem, acertarem e aprenderem com os erros. Nesse sentido, seu temperamento atento e as críticas construtivas só têm a agregar nas suas relações.

RESUMINDO...

- **Palavra de ordem:** organização
- **Alegra seu coração:** tomar banho com sabonete perfumado
- **Tira você do sério:** gente bagunceira
- **É muito importante:** manter todas as coisas no lugar, inclusive pensamentos
- **Não é fácil, mas é preciso:** receber uma crítica sem surtar
- **Não existe, mas bem que poderia:** bolsa que vira pia e cama

VIRGEM E A PAQUERA

Quando está a fim de alguém, você vive um dilema: ao mesmo tempo em que quer vencer a timidez para chegar junto e dizer o que sente, paralisa por medo de levar um fora. E é esse um dos maiores desafios na paixão: vencer o receio do fracasso. Até mesmo quando a outra pessoa toma a iniciativa, não relaxa logo de cara. Primeiro, começa a analisar o que ela fala, o jeito como fala, investiga as redes sociais... Tudo para tentar descobrir qual é a intenção da pessoa. Depois, vai pensar se vai virar romance e nas consequências disso. Enfim, não é fácil ganhar o coração dos virginianos.

Agora, se é você quem precisa conquistar, vai bem devagar. Depois de confirmar que o interesse é correspondido, dá pequenos sinais de que está a fim: uma encarada, um sorrisinho, deixando no ar suas intenções. Papo vai, papo vem, o entrosamento vai crescendo, e aí, o beijo acaba rolando.

E que beijo! Como você, parece tímido, mas vai se tornando cada vez mais intenso. Um detalhe: Virgem não curte trocar carinhos em locais públicos. É na privacidade que esse signo mostra todo o seu potencial.

SEMENTES DE ROMANTISMO

Só que mesmo com tudo isso, no dia a dia, pode ser difícil para sua cara-metade entender que você gosta dela de verdade. Como curte ficar na sua, pode passar a impressão de que você não está mais feliz com a pessoa, sabia? É bom redobrar a atenção. Não custa espalhar por aí umas sementinhas de romantismo, ok?

QUEM FATURA O CORAÇÃO DE VIRGEM?

Uma pessoa paciente e compreensiva. Ela também tem que ter muito jogo de cintura para conviver com as suas exigências (que não são poucas!). Esse par deve ser totalmente fiel para deixar você em segurança no relacionamento. E, para ser tudo de bom, sua alma gêmea precisa incentivar você a se soltar mais e a viver intensamente as delícias da paixão.

COMBINAÇÕES NA PAQUERA

VIRGEM E ÁRIES	É possível que Virgem se renda ao charme ariano, porém não é de se jogar de cabeça: vai rodeando, olhando, até ter certeza de que é correspondido. Esse lenga-lenga pode irritar Áries.
VIRGEM E TOURO	Ambos são do elemento Terra, ou seja, precavidos! Vão comendo pelas beiradas até terem certeza de que é recíproco... Pode até demorar um pouco, mas tem tudo para rolar!
VIRGEM E GÊMEOS	Como Gêmeos mostra logo que está a fim, é um prato cheio para o virginiano, que morre de medo de levar um fora. Mas, para o lance evoluir, pode ser mais complicado.
VIRGEM E CÂNCER	Depois de superada a fase de aproximação, que tende a ser devagar para os dois, o envolvimento deve render momentos gostosos. Porém, a praticidade virginiana costuma frustrar Câncer.
VIRGEM E LEÃO	De início, Virgem até se derrete diante do magnetismo leonino. No entanto, as diferenças entre os dois aparecem logo: Leão é ousado e Virgem prefere a discrição.
VIRGEM E VIRGEM	Como têm gostos parecidos, fica mais fácil faturar o coração um do outro. Essa paquera começa tímida e vai ganhando profundidade conforme vocês vão se conhecendo.
VIRGEM E LIBRA	Libra é mestre da sedução. Mas, para fisgar Virgem, tem que provar que está a fim de verdade! O jeito desconfiado de Virgem também pode ser um empecilho.
VIRGEM E ESCORPIÃO	Dificilmente Virgem fica imune à sensualidade escorpiana. Depois de Escorpião vencer a barreira da timidez virginiana e ganhar um beijo, a paixão se instala!
VIRGEM E SAGITÁRIO	O jeito aventureiro de Sagitário costuma assustar Virgem. Por outro lado, se a alegria sagitariana tomar conta, pode rolar um encontro. Ambos precisam ser pacientes.
VIRGEM E CAPRICÓRNIO	Capricórnio, sem pressa, envolve o alvo sutilmente, do jeitinho que Virgem gosta. Lance cheio de sintonia! O ponto fraco são as cobranças, que podem atrapalhar se a relação for para frente.
VIRGEM E AQUÁRIO	Inteligente, Virgem atrai Aquário com um papo cabeça. Se rolar aquela afinidade, aí sim, a paquera avança. No entanto, a tendência à instabilidade é grande.
VIRGEM E PEIXES	Os beijos apaixonantes de Peixes podem quebrar o bloqueio virginiano. Mas Virgem demora para demonstrar o que sente. Com o tempo, as diferenças acabam desgastando o clima.

VIRGEM E O ROMANCE

Você pode até demorar para assumir um compromisso, mas, quando faz essa escolha, é pra valer. Tem um jeito de amar sereno e cuidadoso. E seu já conhecido comportamento discreto e reservado se mantém na vida afetiva. Porém, ao contrário da paquera, quando se firma em um relacionamento e se sente à vontade com a pessoa amada, mostra toda a sua sensualidade. Sim! Ela existe e é potente.

Virgem gosta de rotina e é bastante prático, mas não esconde o prazer que sente quando a cara-metade faz alguma surpresa para animar o romance (nada muito ousado, claro!). Também se esforça para deixar o par feliz. Suas atitudes costumam mostrar mais do que suas palavras. É do tipo que segue à risca o juramento "na alegria e na tristeza", sabe?

É muito exigente, e como é difícil atender suas expectativas, Virgem! Pode iniciar discussões acaloradas (do nada) caso o par não aja da forma como você espera. Que tal pegar leve nesse quesito? Vai fazer bem a você, a quem ama e ao seu relacionamento.

E SE CHEGAR AO FIM?

Você não entra em uma relação para que ela acabe, mas sabe que isso pode acontecer. Então, quando o namoro ou casamento termina, Virgem encara com naturalidade. Isso não significa que não sofre. Mas faz isso sem muito drama, barracos e de um jeito contido. E, antes de partir para outra, tenta analisar o que não funcionou para não errar de novo.

VIRGEM E A INFIDELIDADE

Segurança é seu maior tesouro. Por isso, fidelidade é questão primordial na vida a dois para você. Virgem raramente trai e nem pode imaginar seu amor pulando a cerca. Se o par começar a ter atitudes muito suspeitas, você liga o radar na hora! Quando a traição se confirma, dificilmente perdoa. Costuma racionalizar o fato e, depois de colocar tudo em pratos limpos, vida que segue!

COMBINAÇÕES NO ROMANCE

VIRGEM E ÁRIES	Áries tem uma sensualidade tão evidente, que mexe com Virgem. Mas essa relação pede concessões. Um dos motivos é a mania virginiana de fazer críticas, que irrita o par ariano.
VIRGEM E TOURO	Deu *match*! O par taurino é exatamente o que Virgem busca para um relacionamento sério — e vice-versa. O romance entre esses signos promete ser sereno, harmonioso e duradouro.
VIRGEM E GÊMEOS	Relação com altos e baixos. Como Virgem precisa de estabilidade, a inconstância geminiana pode atrapalhar. Além disso, o par virginiano é caseiro e Gêmeos é mais "baladeiro".
VIRGEM E CÂNCER	Câncer consegue entender o temperamento de Virgem e curte a estabilidade que esse signo oferece. Mas o par virginiano precisa mostrar o que sente para o romance ficar mais gostoso.
VIRGEM E LEÃO	Leão é o *inferno astral* de Virgem, então, essa relação é bem difícil. Os dois signos são teimosos, o que causa atritos. E as diferenças de estilo de vida complicam ainda mais.
VIRGEM E VIRGEM	Têm tudo para serem felizes juntos. Como são parecidos, vocês se entendem bem. Para garantir que essa união seja ainda melhor, os dois devem maneirar nas críticas, valeu?
VIRGEM E LIBRA	É melhor ter cautela antes de entrar de cabeça nesse romance. Embora role atração, Virgem é o *inferno astral* de Libra. A relação costuma ser marcada por altos e baixos. É preciso jogo de cintura.
VIRGEM E ESCORPIÃO	Não falta companheirismo quando esses signos se envolvem. Mas Escorpião se dedica ao romance e pode sentir que não está recebendo o mesmo de volta. Isso pode gerar brigas.
VIRGEM E SAGITÁRIO	As diferenças são grandes entre esses signos. Por exemplo, Sagitário tem um jeito livre, enquanto Virgem é prudente e reservado. Concessões das duas partes são necessárias.
VIRGEM E CAPRICÓRNIO	Virgem e Capricórnio são do elemento Terra, então, têm várias coisas em comum. Podem demorar para se entregar, mas, quando isso acontece, entendem-se superbem. Sucesso!
VIRGEM E AQUÁRIO	Virgem tem uma certa resistência ao estilo de vida aquariano: original e "mutante". E se tem uma coisa que o par virginiano não curte é mudança. Não é fácil...
VIRGEM E PEIXES	Um signo racional como Virgem pode estranhar toda a emoção que Peixes traz para a relação. Mas, com uma pitada de tolerância, as diferenças podem se complementar, sabia?

VIRGEM E O SEXO

Já pensou transar no banheiro do barzinho, na praia ou no elevador? Você respondeu "não", certo? É que, para Virgem, sexo tem hora e local para acontecer. Afinal, você acredita que é necessária uma preparação, que é preciso tempo para curtir o momento e discrição, aí, sim, você fica à vontade, pois não haverá o menor risco de interferências.

Você adora carícias prolongadas e um dos momentos que mais gosta é o das preliminares. E, nesse quesito, Virgem é nota dez! Por ser bastante detalhista, ganha pontos extras, pois sabe exatamente o que fazer para satisfazer sua cara-metade.

Para deixar você subindo pelas paredes, o par deve apostar em toques nas regiões mais sensíveis do seu corpo, que são as pernas, a nuca e a virilha.

Virgem prefere as posições tradicionais. Mas, se o par souber pedir com jeitinho, pode embarcar nas fantasias dele de vez em quando...

TOQUE QUENTE

Dá para apimentar as transas sem abrir mão do conforto? Sim: aproveite a tranquilidade da sua casa para explorar novidades no sexo! Na sua cama macia e cheirosa, que tal experimentar algumas posições um pouco mais ousadas? Tire proveito das carícias que antecedem o sexo para ficar no ponto... Depois, é só se soltar e liberar a imaginação. Uma conversa picante e sincera antes do rala e rola tem o poder de quebrar sua inibição!

NO MUNDO DAS FANTASIAS

Fantasias mirabolantes, ousadas e extravagantes — como se vestir de um personagem, por exemplo — não combinam muito com o estilo de Virgem. Isso não significa que esse signo não imagine coisas. É justamente o contrário: sua mente pode ter mil ideias quentes, mas nem sempre rola coragem de praticá-las. Uma boa alternativa é contar suas vontades para o par. Curtiu?

COMBINAÇÕES NO SEXO

VIRGEM E ÁRIES	O par ariano é do tipo impulsivo e impetuoso, mas sabe exatamente como despertar os desejos e o fogo de Virgem. No entanto, precisam fazer alguns ajustes, valeu?
VIRGEM E TOURO	Touro não vai decepcionar Virgem. Muito pelo contrário, tem uma sensualidade vibrante, que convence e contagia! Promessa de momentos cheios de prazer e sem pressa nenhuma...
VIRGEM E GÊMEOS	O pique geminiano e a vontade de inovar na hora H não são muito a praia de Virgem na intimidade. Mas essa combinação pode surpreender! Sem falar que os dois são bem curiosos!
VIRGEM E CÂNCER	Câncer se dedica nesse setor, criando aquele clima especial. E essa pegada costuma agradar o par virginiano, que acaba entrando no jogo de sedução e se solta. Quente na medida!
VIRGEM E LEÃO	Se no dia a dia a convivência entre Virgem e Leão é difícil, na cama, a atração entre esses signos é forte. Agora, o par virginiano tem que se sentir à vontade para deixar de lado a timidez, tá?
VIRGEM E VIRGEM	Rola um entrosamento, pois são xarás astrais. Só que a temperatura dessa combinação pode ficar bem morninha se caírem na rotina, coisa que esse signo tende a se habituar...
VIRGEM E LIBRA	Assim como Virgem, Libra prefere sexo com amor. Mas acertos são necessários para que a vida sexual seja mais prazerosa. Uma dica para o par virginiano: que tal mais romantismo nessa hora?
VIRGEM E ESCORPIÃO	Escorpião tem um erotismo poderoso, que atrai Virgem. O ponto de conflito é o alto pique escorpiano, que não costuma ser páreo para o par virginiano. Tome fôlego e se jogue, Virgem!
VIRGEM E SAGITÁRIO	Sagitário mexe com os sentidos do par virginiano. No entanto, o jeito contido de Virgem pode atrapalhar na hora de se acertarem na intimidade, já que os sagitarianos amam inovar. Uma pena.
VIRGEM E CAPRICÓRNIO	Assim como no romance, os gostos desses signos na cama também são parecidos. Apesar do sexo ser mais tranquilo, há muito entrosamento e prazer no ninho de amor.
VIRGEM E AQUÁRIO	A atração é grande, mas os estilos são diferentes no rala e rola. Aquário leva novidades para apimentar o clima, já Virgem é um tanto conservador nesse sentido. Precisam conversar!
VIRGEM E PEIXES	Peixes sabe se adaptar a cada situação. Assim, consegue oferecer tudo o que Virgem deseja na transa: carinho, atenção e preliminares quentes. Um show de delícias, viu?

VIRGEM E AS AMIZADES

Você costuma ter poucos, mas bons amigos. Muito mais do que a quantidade, valoriza a qualidade das pessoas que estão ao seu lado. Elas devem ser sinceras, pacientes e emocionalmente estáveis — Virgem não gosta de gente que faz drama ou que cada hora pensa uma coisa...

Além das afinidades de gostos e pensamentos, seus amigos já sabem que precisam andar no seu ritmo. Conhecem de cabo a rabo todas as suas manias e, mesmo que não concordem ou entendam, eles respeitam você assim mesmo! Até porque, eles sabem que essas manias fazem parte do pacote, mas o arsenal virginiano é muito maior do que isso.

Virginianos são grandes conselheiros: com toda a racionalidade do signo, acabam encontrando ótimas soluções para os problemas. Eles não são supercalorosos, mas estão ao lado dos amigos quando esses mais precisam. Adoram programinhas sossegados e são excelentes companheiros para encarar uma maratona de alguma série bem longa e interessante! Também topam uma balada mais agitada se a turma pedir com jeitinho. E fazem isso por uma razão muito fofa: esse signo adora agradar as pessoas queridas.

FELIZ ANIVERSÁRIO!

Virgem não é de agito e detesta ser o centro das atenções, mas gosta de comemorar o seu dia com as pessoas queridas. Uma reuniãozinha íntima, só com os mais chegados, é o programa ideal: tudo bem organizado e discreto. O importante para você é estar com as pessoas que têm cadeira cativa no seu coração.

E A PEDRA NO SAPATO?

A pedra no seu sapato é Leão, que é seu *inferno astral* e bate de frente com seu jeito de ser. Leão não aceita ser comandado e Virgem quer dominar. Virgem também não deixa de falar o que pensa, enquanto Leão detesta ouvir outras opiniões — a menos que sejam elogios. Precisam buscar o meio-termo.

COMBINAÇÕES NAS AMIZADES

VIRGEM E ÁRIES	Áries é sincero e leal, o que inspira a confiança virginiana. Isso já é um belo passo para uma relação de amizade, certo? Agora, para conviverem bem, vão ter que contornar as divergências...
VIRGEM E TOURO	Os interesses em comum são o pontapé dessa parceria, que deve ir crescendo aos poucos para ser duradoura. Mas Virgem tem que pegar leve com as críticas, pois Touro emburra fácil.
VIRGEM E GÊMEOS	O jeito leal de Virgem é algo que Gêmeos sabe dar valor. E a simpatia geminiana é cativante, né? Agora, Virgem é bastante discreto e Gêmeos não é bom em guardar segredos...
VIRGEM E CÂNCER	Cancerianos têm poucos, mas bons amigos — assim como Virgem. Uma reunião caseira recheada de boas memórias é a pedida perfeita para essa dupla. Amizade abençoada.
VIRGEM E LEÃO	A relação é complicada. Leão gosta de chamar a atenção e tem uma vida social agitada. O amigo virginiano pode ficar meio deslocado. Também não rola muita confiança nesse encontro, viu?
VIRGEM E VIRGEM	Fazer parte do círculo virginiano significa passar no teste de qualidade. É que esse signo é seletivo e escolhe suas companhias a dedo. A amizade com o mesmo signo tende a ser firme, viu?
VIRGEM E LIBRA	Libra adora a companhia dos amigos e faz o que pode para apoiar e agradar. Virgem é leal e pode trazer mais praticidade para Libra nos momentos de indecisão. Precisam de ajustes.
VIRGEM E ESCORPIÃO	Escorpião é aquele amigo legal, que topa qualquer parada. Virgem não fica atrás e é um ótimo conselheiro. As vibrações são muito positivas nesta relação, valeu?
VIRGEM E SAGITÁRIO	Sagitário esbanja alto-astral e é uma companhia agradável, mas não tem parada. E isso pode ser um problema para Virgem, que sente dificuldade de se adaptar ao ritmo sagitariano.
VIRGEM E CAPRICÓRNIO	Dificilmente, o amigo virginiano se decepciona com o capricorniano. Ambos demoram para se abrir, mas, quando sentem que é pra valer, cultivam essa amizade para a vida toda.
VIRGEM E AQUÁRIO	Apesar de ser sociável, Aquário não se prende a ninguém. E o amigo virginiano pode se sentir incomodado com essa distância. Atritos acontecem e a tendência é que se afastem.
VIRGEM E PEIXES	Virgem consegue conquistar a confiança de Peixes e entrar para a turma dele. Vão trocar conselhos e programar reuniões mais tranquilas. Mas o virginiano vai ter que dosar as críticas!

VIRGEM E O TRABALHO

Virgem se sente realizado quando trabalha naquilo que gosta. E é extremamente dedicado, independentemente da função que exerce no meio corporativo. Não tem medo de trabalho duro e costuma ser ágil, responsável, leal e persistente.

É muito comum ver pessoas desse signo crescendo na profissão e conquistando cargos de mais responsabilidade dentro de uma empresa ao longo do tempo. Você veste a camisa do local onde trabalha e não mede esforços para cumprir suas obrigações e ajudar os colegas. Além disso, Virgem é inteligente, pontual, organizado e atento aos detalhes.

Para ir ainda mais longe, precisa aprender a confiar na sua intuição e valorizar as suas conquistas. Como está sempre em busca da perfeição, acaba não dando a importância que elas (e você!) merecem. Que tal dar um gás na autoestima, hein?

Você quer reconhecimento pelo seu talento, mas dispensa elogios. Para você, a melhor recompensa por um trabalho bem-feito é conquistar mais responsabilidades e um salário justo.

RELAÇÃO COM DINHEIRO

Você sabe o valor do dinheiro. Por isso, age com cautela e pensa mil vezes antes de abrir a carteira. Faz contas e mais contas, anota tudo e só gasta aquilo que seu orçamento permite. Parcelar em mil vezes no cartão ou crediário? Só em último caso! Virgem tem o hábito de poupar, pois pensa muito no futuro e não quer saber de aperto financeiro no seu caminho.

PROFISSÕES INDICADAS

Aquelas que precisam de concentração e atenção aos detalhes: contabilidade, artesanato, higiene, nutrição, saúde, corte e costura são alguns segmentos indicados para você. Também pode brilhar em funções ligadas à escrita, como jornalismo. Ensino, pesquisa e comércio são outras áreas promissoras.

COMBINAÇÕES NO TRABALHO

VIRGEM E ÁRIES	A parceria é positiva. Virgem adora ser útil e Áries valoriza essa cooperação. Mas virginianos amam regras e arianos costumam agir de forma mais improvisada.
VIRGEM E TOURO	Formam uma dupla pra lá de responsável no serviço. Um pode ajudar o outro a crescer na carreira. Virgem contribui com muita disciplina e Touro traz aquela determinação inabalável.
VIRGEM E GÊMEOS	Os dois signos possuem um grande talento profissional. Porém, podem perceber muitas diferenças na forma de trabalhar. Sorte de Virgem que Gêmeos é flexível e consegue se adaptar.
VIRGEM E CÂNCER	Câncer apoia o colega virginiano em todos os momentos. Mas Virgem vai precisar controlar o jeito crítico e ter paciência com a sensibilidade e as mudanças de humor do colega canceriano.
VIRGEM E LEÃO	Se conseguirem fazer alguns ajustes no dia a dia, essa dupla pode ser bem-sucedida. Virgem é dedicado e perfeccionista. Quer parceria melhor para um líder nato como Leão?
VIRGEM E VIRGEM	Essa é uma dobradinha repleta de pontos fortes: organização, eficiência, comprometimento e persistência. Como pensam da mesma forma, o clima também tende a ser amigável.
VIRGEM E LIBRA	O perfeccionismo virginiano é um certificado de trabalho irretocável, como gosta o colega libriano. Mas Virgem é mais prático: Libra precisa de um pouco de jogo de cintura.
VIRGEM E ESCORPIÃO	Escorpião é comprometido com o que faz. Assim, não mede esforços para ter o melhor resultado. Virgem adora essa postura! Se somarem forças, o sucesso profissional é questão de tempo.
VIRGEM E SAGITÁRIO	Virgem não abre mãos de regras, que Sagitário detesta seguir. Mas o colega sagitariano dá confiança à Virgem. Terão que fazer concessões para manter a harmonia, valeu?
VIRGEM E CAPRICÓRNIO	Sabe aquelas parcerias de trabalho que a gente leva para a vida? É essa! Capricórnio e Virgem são eficientes e se entendem bem. Serviço impecável e harmonia são a marca dessa dupla.
VIRGEM E AQUÁRIO	Parece que não vai dar certo, né? Mas é justamente o contrário. O colega aquariano traz a criatividade, e virginiano contribuí com organização de ideias. Dupla que se completa!
VIRGEM E PEIXES	O jeito meio avoado de Peixes pode causar uma má impressão de início. Com o tempo, Virgem nota que o colega pisciano é muito parceiro. Podem se afinar e realizar sonhos profissionais.

LIBRA

23/09 – 22/10

LIBRA, VOCÊ É ASSIM...

Você é medalha de ouro em dois quesitos: gentileza e indecisão. Do Zodíaco, Libra é o signo mais afetuoso, educado e simpático. Tem prazer em se relacionar com as pessoas e, mais do que isso, conviver bem com todas elas! Por outro lado, é difícil encontrar alguém com mais dificuldade para fazer escolhas. Tanta hesitação leva seu signo a adiar julgamentos ou fugir de situações complicadas e isso pode dificultar tudo, viu? Tem que exercitar a autoconfiança...

5 PONTOS POSITIVOS

1. Tem a energia da união.
2. É mestre em agradar os outros.
3. Está sempre impecável!
4. Sabe ser justo.
5. Que bom gosto!!!

5 PONTOS NEGATIVOS

1. Demora para se decidir.
2. Muda várias vezes de opinião.
3. Sempre bate a insegurança.
4. Deixa as coisas pra depois...
5. Perde o limite na hora das compras!

FRASE DIVERTIDA DO SIGNO

"Eu vou! Não vou, não. Vou sim! Ai, sei lá..."

A PERSONALIDADE DE LIBRA

Os relacionamentos estão no topo das prioridades de Libra. E é justamente por querer se dar bem com as pessoas e ser aceito por elas que você é capaz de engolir sapos só para evitar confusão. Aliás, se tem uma coisa que não gosta é de brigas. Se presenciar algum amigo ou conhecido no meio de uma discussão, vai fazer o possível para apaziguar as coisas. Seu signo é o rei das boas maneiras e da educação: sabe se comportar em qualquer ocasião! Esbanja simpatia, carisma e delicadeza. Tantas qualidades têm uma motivação: conquistar a admiração dos outros.

Você tem o dom da conciliação e da diplomacia. E, graças à sua habilidade para negociar, se sai bem de situações difíceis. Porém, pode esbarrar na dificuldade de tomar partido ou emitir sua opinião, em especial se o assunto é polêmico. Nesse caso, acha melhor ficar em cima do muro mesmo...

Curte um astral tranquilo e não costuma se sentir bem em ambientes barulhentos ou mergulhados em um clima de guerra. Leva a vida de um jeito descontraído: sua meta é ser feliz.

O elemento que governa seu signo é o Ar, que dispara o pensamento ágil, a grande curiosidade e a inconstância para sua personalidade. E sabe por que a balança é o símbolo de Libra? Porque defende a justiça e busca o equilíbrio sempre.

A INFLUÊNCIA DE VÊNUS E A SUA MISSÃO

Não dá para falar de Libra sem mencionar seu charme, seu bom gosto, sua elegância e seu interesse especial pela estética. Isso tudo é obra do seu regente, Vênus. Essa influência traz o toque de glamour que consegue imprimir em tudo: seu visual, sua casa, seu trabalho...

Esse planeta também estimula a vontade de compartilhar sua vida, realça seu lado sedutor, destaca as aptidões artísticas e a extrema gentileza.

Libra, você tem uma missão importante, que é ensinar o dom do amor. E, por conta da sua capacidade de compartilhar sentimentos, seu exemplo de tolerância, conciliação e colaboração, você pode incentivar as pessoas a agirem da mesma forma.

RESUMINDO

- **Palavra de ordem:** harmonia
- **Alegra seu coração:** fazer artesanato
- **Tira você do sério:** gente grosseira
- **É muito importante:** espalhar mais gentileza pelo mundo
- **Não é fácil, mas é preciso:** tomar decisões rápidas
- **Não existe, mas bem que poderia:** pílula do cabelo lindo (toma e pronto!)

LIBRA E A PAQUERA

Você sonha em encontrar sua alma gêmea, com quem vai construir uma relação cheia de carinho, paixão e companheirismo. Por isso, costuma se empolgar na conquista: pode cair de amores nas primeiras ficadas e já vislumbra logo uma promessa de namoro.

Na hora de ganhar a atenção do seu alvo e ter seu interesse correspondido, não costuma passar por dificuldades. Afinal, exerce com maestria o seu poder de sedução, é sensível e sabe deixar a outra pessoa encantada. Além disso, sensualidade e charme não lhe faltam.

Não é raro Libra ter vários "contatinhos". Mas, quando começa a sair com alguém, não demonstra muita paciência para esperar uma definição: quer ter a certeza de que ganhou o coração de quem deseja. Outro ponto importante: como seu signo tem tendência a se apaixonar com facilidade, pode acabar confundindo um sentimento passageiro com o verdadeiro amor. Aí, quando já está na relação é que percebe que se precipitou. Que tal ir com mais de calma? Assim, não magoa os outros nem se machuca.

A HORA DA ESCOLHA

Agora, uma situação pra lá de complicada para Libra é ter que escolher entre mais de um(a) paquera. Com seu jeito envolvente, é comum despertar várias paixões. E é aí que o bicho pega! Como seu signo não consegue tomar uma decisão tranquilamente e adora receber atenção, acaba se dividindo, sem saber de qual pretendente gosta mais.

QUEM FATURA O CORAÇÃO DE LIBRA?

Alguém romântico, que valoriza o amor e o relacionamento. O seu par ideal tem que mostrar que gosta de você, e ser companheiro, meigo e elegante. Além disso, para viver ao seu lado, deve ter disposição para aproveitar as boas coisas da vida e, claro, tratar bem as pessoas. Gente mal-educada ou mal-humorada não tem vez no seu coração nem na sua vida!

COMBINAÇÕES NA PAQUERA

LIBRA E ÁRIES	Libra consegue fascinar Áries com sua sensualidade e charme. Os arianos não ficam atrás e partem para o ataque quando surge o interesse. O desafio é manter essa empolgação depois...
LIBRA E TOURO	Touro não costuma tomar a iniciativa a menos que saiba que o pretendente está na dele. Mas vai cativando de um jeito tranquilo. Tem tudo para ganhar o coração libriano!
LIBRA E GÊMEOS	Gêmeos tem uma lábia afiada, além do alto-astral contagiante. Libra tem um poder de sedução tão intenso que dificilmente leva um fora... Esperem muitos beijos!
LIBRA E CÂNCER	O libriano tem que entrar no ritmo de Câncer e ir jogando charme aos poucos para, enfim, ganhar cartão verde para a paixão. Mas o par canceriano compensa com bastante carinho.
LIBRA E LEÃO	Leão é um signo ousado, que se entusiasma na hora da conquista. Para fisgar esse alvo, é só Libra usar seu jogo de cintura e sua cordialidade, rasgando elogios ao par leonino.
LIBRA E VIRGEM	Virgem precisa de segurança para investir em alguém. Já Libra não vê problema nenhum em chegar junto. Precisam rolar muita conversa e afinidade para o lance começar a engrenar.
LIBRA E LIBRA	Se estiverem interessados, vão apostar todas as fichas para ganhar o coração um do outro. E mais: basta um encontro para já começarem a imaginar o futuro do relacionamento.
LIBRA E ESCORPIÃO	A atração física conta muitos pontos para despertar o interesse de Escorpião. Ambos são envolventes, então, podem acabar ficando. Mas vocês são muito diferentes. Deve esfriar rápido...
LIBRA E SAGITÁRIO	Libra tem tudo para se interessar pela alegria de Sagitário. Podem curtir bons momentos juntos. Só o jeito livre do par sagitariano que pode incomodar em alguns momentos. Dá jogo.
LIBRA E CAPRICÓRNIO	É devagar que Capricórnio envolve quem deseja. Já o par libriano é mestre na arte da sedução e não sente dificuldade de quebrar essa barreira. Porém, tanta cautela pode irritar Libra.
LIBRA E AQUÁRIO	Aquário é seduzido por um papo cabeça, ideias novas e muita liberdade. Libra sabe agradar como poucos e é um sério candidato a firmar um romance com o par aquariano.
LIBRA E PEIXES	Com um jeitinho especial e apaixonante, Peixes cativa o coração do par libriano. Promessa de encontros apaixonados! Só que, no dia a dia, Libra pode não corresponder às necessidades piscianas.

LIBRA E O ROMANCE

Libra precisa de amor para se sentir feliz. Quando se apaixona, você ganha motivação e alegria e passa a ver tudo de uma maneira mais leve. Busca o romantismo, a cumplicidade e o equilíbrio no relacionamento.

Acredita que vale tudo para demonstrar seus sentimentos: surpresas, ligações, mensagens ou presentes. Não economiza nos carinhos nem na criatividade para deixar seu par feliz. Aliás, para você, o romance jamais deve perder o encantamento dos primeiros encontros. Transforma a união no centro da sua vida. Sorte de quem tem a honra de estar ao seu lado...

Mas seu signo precisa que a cara-metade retribua à altura. Para você, dar e receber amor na mesma medida é fundamental. Agora, uma dica: mesmo querendo agradar quem você ama, não se anule! É possível, sim, viver em paz e harmonia com alguém sem deixar de ser quem é de verdade. Mesmo que a hesitação insista em te visitar, busque dentro de você o que acredita e deseja para seguir em frente.

E SE CHEGAR AO FIM?

Quando o relacionamento passa por problemas, Libra costuma resolver com diálogo e jogo de cintura. Se for preciso, faz concessões em nome do amor. E tenta negar ao máximo quando vê que o romance está à beira do abismo. Agora, se mesmo assim acabar, passa um tempo triste, mas logo dá um jeito de superar as mágoas. Afinal, precisa de espaço no seu coração para o próximo amor... É como diz a música "Wave" de Tom Jobim: "Vou te contar/ Os olhos já não podem ver/ Coisas que só o coração pode entender/ Fundamental é mesmo o amor/ É impossível ser feliz sozinho...".

LIBRA E A INFIDELIDADE

Se descobrir que o par te traiu, a linha "paz e amor" vai embora. Vira uma fera e fica remoendo o assunto até dar o troco. Mas não dá barraco, não grita, nem discute. Claro que não demora muito para superar essa rasteira. Afinal, a fila não anda, ela voa!

COMBINAÇÕES NO ROMANCE

LIBRA E ÁRIES	Áries é impetuoso, mas traz paixão e energia para a vida de Libra. E essa convivência deve ser um grande incentivo para o par libriano. Agora, no dia a dia as diferenças pesam.
LIBRA E TOURO	Ambos são regidos por Vênus, prezam pelo conforto e pela estabilidade. No entanto, atritos não estão descartados: o jeito prático e a possessividade do par taurino atrapalham.
LIBRA E GÊMEOS	Essa combinação é abençoada pelos astros! Libra é o *paraíso astral* de Gêmeos. Os dois se dão muito bem. Nessa relação, não faltam um papo legal, harmonia e muita alegria.
LIBRA E CÂNCER	O relacionamento entre esses signos pode fazer muito bem aos dois. Ambos são amorosos e sensíveis, mas o par canceriano se apega muito e é ciumento, o que pode incomodar Libra.
LIBRA E LEÃO	O parceiro leonino é sedutor e sabe despertar o interesse de Libra. Além disso, o par libriano consegue conviver com a personalidade leonina. União gratificante.
LIBRA E VIRGEM	Virgem representa o *inferno astral* de Libra. Problemas sempre aparecem no romance. O par virginiano é muito crítico, exigindo paciência do companheiro libriano.
LIBRA E LIBRA	Os dois são parecidos, valorizam a cumplicidade e curtem um lance cheio de harmonia. Podem construir uma relação baseada em amizade, respeito e carinho. Uma doçura de casal!
LIBRA E ESCORPIÃO	Nos primeiros encontros, rola uma forte atração. Mas os desafios não demoram a aparecer: o par escorpiano é muito direto e pode magoar Libra, que também é o *inferno astral* de Escorpião.
LIBRA E SAGITÁRIO	Sagitário consegue animar a vida do par libriano. O jeito sociável de Libra ajuda a deixar essa união mais leve. Rotina passa longe desse casal, que deve curtir momentos felizes.
LIBRA E CAPRICÓRNIO	Pouco romântico e com um jeito conservador, Capricórnio pode não atender aos anseios afetivos de Libra. O par libriano vai precisar de calma para quebrar o gelo...
LIBRA E AQUÁRIO	Aquário simboliza o *paraíso astral* de Libra. O par libriano se adapta ao jeito de viver do aquariano. No dia a dia desse casal, não faltam diversão e alegria.
LIBRA E PEIXES	Muito romantismo quando esses signo se juntam! Mas a inconstância de Libra costuma deixar Peixes inseguro. Além disso, o par pisciano ama fazer drama...

LIBRA E O SEXO

Para Libra, a transa ideal acontece quando é possível unir desejo e amor. Sem sentimento rola? Sim, mas não é a mesma coisa. É que você só mostra todo o seu erotismo quando se apaixona. É ao lado da sua cara-metade que expressa seus desejos. Quando rola aquela cumplicidade gostosa, você se permite curtir carícias, suspiros e sussurros sem fim.

Adora passar horas na cama, curtindo os momentos de intimidade e descobrindo mais afinidades com o par. Portanto, para ter satisfação plena, não podem faltar as preliminares, que devem incluir jogos de sedução, toques quentes, beijos demorados e aquela pegada sensual... Os pontos tiro e queda para te deixar em ponto de bala são as costas, as coxas e o bumbum.

E, se os momentos a dois puderem rolar em um ambiente requintado como um hotel, por exemplo, maravilha! Se não der, que tal deixar o quarto com um toque especial? Inclua um tapete fofinho, lençóis limpos e macios, uma colcha quentinha e música.

TOQUE QUENTE

Você gosta de transformar as transas em noites de amor inesquecíveis e cheias de romantismo. Mas sabia que também é possível ter muito prazer em uma rapidinha? Pois é... Mesmo um sexo ligeiro e inesperado pode arrancar de você mil suspiros! Então, da próxima vez que pintar tesão em um momento ou local inusitado, experimente se entregar. Você não vai se arrepender!

NO MUNDO DAS FANTASIAS

Um *striptease* no capricho — feita por você ou pelo par — é um passaporte para o mundo do prazer. Como têm bom gosto, charme e adoram caprichar no visual, os librianos curtem colocar essa fantasia em prática. E, quando a sua cara-metade se produz toda só para te seduzir, você vai à loucura!

COMBINAÇÕES NO SEXO

LIBRA E ÁRIES	O estilo fogoso de Áries mexe com os desejos de Libra. Mas para as transas serem ainda mais gostosas, o par ariano precisa ter calma e entrar no clima romântico que os librianos curtem.
LIBRA E TOURO	Na intimidade, além de existir muita química, vocês têm gostos parecidos e curtem satisfazer os desejos um do outro. Essa sintonia na cama torna a relação muito prazerosa!
LIBRA E GÊMEOS	As conversas e as preliminares são os combustíveis do sexo. Vocês têm entrosamento, mas é preciso fazer ajustes. Gêmeos é mais livre na intimidade, enquanto Libra prefere romantismo.
LIBRA E CÂNCER	Entrosamento nota mil! Quando estão apaixonados, os dois signos mostram como são românticos. Juntos, são capazes de transformar as transas em momentos inesquecíveis.
LIBRA E LEÃO	Leão é fogo puro e revela bastante energia. Já Libra adora agradar e consegue se adaptar bem. Conforme vão se entrosando, a sintonia aumenta e o tesão esquenta.
LIBRA E VIRGEM	Ambos são diferentes, mas se sentem atraídos um pelo outro. Virgem é leal, embora deixe a desejar no romantismo. Libra tem jogo de cintura e faz o par virginiano entrar no clima de sedução.
LIBRA E LIBRA	Quanto mais afinidade rolar entre o casal, maior é a integração na hora H. A intimidade dificilmente cai na rotina. Experiências envolventes e sem a mínima pressa...
LIBRA E ESCORPIÃO	Atração não falta, porém os ritmos são opostos. Escorpião vai direto ao que interessa. Já Libra curte carinhos, preliminares e um clima especial. As diferenças podem esfriar o tesão.
LIBRA E SAGITÁRIO	O entrosamento flui entre esses signos. Rola muito prazer, ainda mais depois de bons papos. Sagitário tem pique e melhor ainda: adora preparar surpresas para Libra. Pode ir, que é sucesso!
LIBRA E CAPRICÓRNIO	Capricórnio disfarça o que sente, mas, na intimidade, pode surpreender. Libra deixa o par capricorniano à vontade e, quando isso acontece, esse signo se solta na cama.
LIBRA E AQUÁRIO	Vocês concordam em uma coisa: qualidade é melhor do que quantidade. Como rola bom entrosamento na cama (e fora dela), o sexo rouba o fôlego desses amantes.
LIBRA E PEIXES	Tá aí um campo em que esses signos se entendem. Libra costuma exercer fascínio em Peixes. Já os piscianos, quando estão apaixonados, entram de corpo e alma na relação!

LIBRA E AS AMIZADES

Quem tem um amigo libriano tem tudo! Seu signo é generoso e gentil, faz o possível para que a turma viva em harmonia e para que todas as pessoas queridas estejam felizes. Fazer amigos para Libra é um dom.

Você é o tipo de pessoa com quem se pode contar em qualquer circunstância e a qualquer momento. Conhece cada amigo profundamente e consegue oferecer uma palavra de incentivo, de entusiasmo ou de consolo quando necessário. Como Libra é justo e ponderado, seus conselhos são sábios.

Seu signo adora estar rodeado de gente, por isso raramente recusa um convite para festas, passeios ou reuniões. Também é um excelente anfitrião e ama receber as pessoas queridas — quando prepara qualquer encontro, pensa nos mínimos detalhes para que todos se divirtam e se sintam à vontade e confortáveis.

Mas, às vezes, você pode parecer meio distante. Sob influência do seu elemento, o Ar, precisa de alguns momentos de introspecção para colocar os pensamentos no lugar. Mas quem te conhece sabe que logo volta ao seu estado natural, interagindo com todos.

FELIZ ANIVERSÁRIO!

Como seu signo é superversátil no quesito diversão, vibra com todo tipo de comemoração no aniversário e se sente realizado quando consegue reunir todas as pessoas queridas para celebrar mais um ano de vida. Mas prefere tomar a frente da organização do evento, pois quer garantir que todos se divirtam e que não falte nada aos convidados.

E A PEDRA NO SAPATO?

A pedra no seu sapato é Virgem. Isso significa que os desafios dão as caras ao se relacionar com esse signo, que é seu *inferno astral*. Libra é um signo de Ar, inconstante, expressivo. Virgem é de Terra, racional e controlador. As diferenças causam altos e baixos nessa convivência.

COMBINAÇÕES NAS AMIZADES

LIBRA E ÁRIES	Interesses parecidos não faltam para aproximar esses dois signos. O problema é que o amigo ariano tem um jeito competitivo e isso não agrada o perfil conciliador de Libra.
LIBRA E TOURO	Os dois prezam a harmonia e valorizam a camaradagem. Também são ótimos conselheiros. Mas Touro é teimoso e pode ter ciúme do amigo libriano, que coleciona contatos... Podem se afastar.
LIBRA E GÊMEOS	Dois signos que adoram se enturmar. Gêmeos é do tipo que atende às expectativas de Libra e contagia esse signo com muito otimismo e simpatia. Animação não falta quando se encontram.
LIBRA E CÂNCER	Câncer é carinhoso e companheiro. Libra também tem um jeitinho especial de lidar com as pessoas. O problema é que o amigo canceriano é encanado e pode cobrar mais presença.
LIBRA E LEÃO	Gentil e agradável, Libra conquista a confiança leonina. A animação de Leão cai como uma luva para alguém sociável como o amigo libriano. Amizade nota 10!
LIBRA E VIRGEM	A personalidade fechada de Virgem pode ser um desafio para Libra, que fica com a sensação de que não conhece esse amigo ou falta algo na relação. É preciso esforço...
LIBRA E LIBRA	Receptivos, logo descobrem muitos pontos em comum. Adoram curtir a vida e estar rodeados de pessoas. Incentivam, aconselham e apoiam um ao outro. Parceria equilibrada, feliz e duradoura.
LIBRA E ESCORPIÃO	Escorpião desconfia até da sombra. E, como Libra é indeciso e inconstante, pode achar difícil fazer o amigo escorpiano sentir firmeza e autorizar seu ingresso no seu seleto grupo de amigos.
LIBRA E SAGITÁRIO	O bom humor e o otimismo de Sagitário são contagiantes e estimulam o amigo libriano. Juntos, os dois têm tudo para aproveitar a vida e criar memórias inesquecíveis!
LIBRA E CAPRICÓRNIO	Precisam se ajustar! Libra não pode esperar tantas demonstrações de carinho do amigo capricorniano. Já Capricórnio não deve contar com muita estabilidade ao lado do amigo libriano.
LIBRA E AQUÁRIO	Mil estímulos nessa combinação! Libra é animado e respeita o temperamento de cada um. Perfeito para Aquário, que procura um amigo que não o sufoque. Sintonia e leveza marcam a dupla.
LIBRA E PEIXES	Como Libra é sociável, logo conquista o amigo pisciano, que é bem carinhoso. Mas vocês curtem coisas diferentes. Além disso, Libra pode se incomodar com as carências de Peixes.

LIBRA E O TRABALHO

Libra sonha em alcançar grandes realizações, porém deseja que elas aconteçam rapidamente. Para não ter que esperar tanto tempo, planeja estratégias e foge de projetos com retorno demorado.

Você tem muita energia para batalhar por seus sonhos, mas pode sofrer com o avanço da preguiça, da indecisão ou do medo. Estabeleça suas prioridades e siga em busca delas sem insegurança. Tente dosar a hesitação, pois, quando você deixa de dar sua opinião, pode acabar se omitindo e se prejudicando mais tarde. E, se ficar mudando de ideia o tempo todo, tende a perder a confiança das pessoas e a causar um clima de descontentamento — coisa que vive tentando evitar. Confie mais no seu taco!

Agora, seus colegas são privilegiados por trabalharem ao seu lado. Você tem um perfil pacífico, age com gentileza, se dá bem com todos e defende a justiça. Não tem medo de dividir o que sabe e gosta de receber sugestões. Em cargos de chefia ou liderança, prioriza um clima leve, sem cobranças ou situações de tensão.

RELAÇÃO COM DINHEIRO

Como você analisa os prós e os contras antes de colocar a mão no bolso, costuma manter a conta no azul. O problema é que Libra pira vendo as novidades nas vitrines do shopping e aí pode até extrapolar o limite, viu? Se conseguir se controlar e usar sua habilidade para ponderar, vai evitar dores de cabeça no setor financeiro.

PROFISSÕES INDICADAS

Ofícios que precisam de contato humano têm a ver com você: relações públicas, promotor de eventos, advogado, terapeuta de casais, diplomata, jornalista, publicitário, professor. Outras carreiras que também podem trazer realização são aquelas ligadas à arte e à beleza, como dança, música, decoração, maquiagem, moda e artes.

COMBINAÇÕES NO TRABALHO

LIBRA E ÁRIES	O dinamismo ariano é uma injeção de estímulo para o colega libriano, além de suavizar sua natural indecisão. Junto com Áries, Libra consegue ser ainda mais criativo!
LIBRA E TOURO	A determinação de Touro inspira os librianos. O colega taurino também costuma valorizar as boas ideias que Libra apresenta, porém não curte o jeito inconstante desse signo.
LIBRA E GÊMEOS	Como os dois são signos do Ar, esbanjam criatividade e têm mil ideias. O entrosamento é ótimo. Agora, para render no serviço, precisam aprender a ser mais práticos, valeu?
LIBRA E CÂNCER	O jeito habilidoso e dedicado do colega canceriano cativa Libra, sem contar que Câncer apoia suas iniciativas. Mesmo tendo jeitos diferentes, vocês se relacionam bem e tendem a crescer juntos.
LIBRA E LEÃO	Muita gente se intimida ou não curte a impetuosidade de Leão no trabalho, mas esse não é o caso de Libra. Otimista, o colega leonino estimula o lado dinâmico e independente dos librianos.
LIBRA E VIRGEM	Virgem é do tipo que cumpre todos os deveres, mas não poupa críticas. Sorte que Libra é o rei da diplomacia, então, arruma um jeitinho de contornar os atritos.
LIBRA E LIBRA	Dupla afinada. Ambos se ajudam, além de compreender as limitações um do outro. São bons parceiros no trabalho. Mas a indecisão libriana pode atrapalhar e atrasar o serviço.
LIBRA E ESCORPIÃO	Podem ter conflitos. O colega escorpiano não é sutil ao falar com os outros, além de fazer muitas cobranças. Os librianos precisam esgotar o estoque de diplomacia.
LIBRA E SAGITÁRIO	Sabe aquele colega que topa qualquer desafio? É o sagitariano! Também é do tipo empreendedor, que fareja oportunidades e ajuda Libra a progredir profissionalmente. Ótima parceria!
LIBRA E CAPRICÓRNIO	Capricórnio não é muito de papo, porém pega firme no serviço e ajuda quando alguém precisa. Se Libra entender esse jeito mais fechado, podem se entrosar bem, viu?
LIBRA E AQUÁRIO	Libra revela uma criatividade que anima Aquário, que, por sua vez, estimula o colega libriano a conhecer coisas diferentes. Só não podem se esquecer de colocar a mão na massa, ok?
LIBRA E PEIXES	Peixes consegue entender as necessidades do colega de Libra e faz o que pode para colaborar. Para brilharem ainda mais, só precisam turbinar o senso prático.

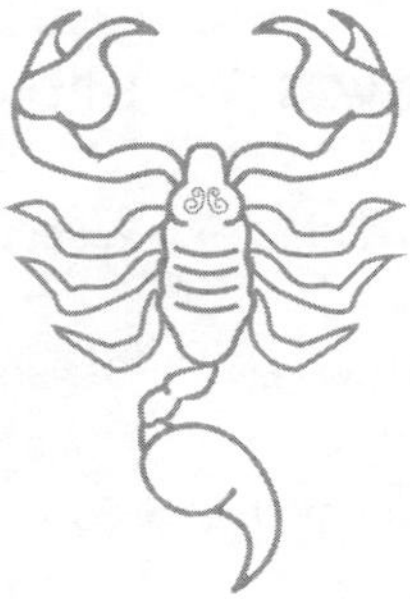

ESCORPIÃO

23/10 – 21/11

ESCORPIÃO, VOCÊ É ASSIM...

Seu signo é o mais intenso do Zodíaco! Não tem meio-termo — nem nas qualidades nem nos defeitinhos. Escorpião é dono de emoções profundas, então, tudo afeta você profundamente. Só que esse signo nem sempre demonstra seus sentimentos. Algumas vezes, prefere manter a fama de durão a baixar a guarda e correr o risco de aparentar fraqueza. É por isso que você passa uma imagem de tranquilidade, mesmo quando há um vulcão em plena atividade aí dentro.

5 PONTOS POSITIVOS	5 PONTOS NEGATIVOS
1. É sincerão.	**1.** Age por impulso!
2. Tem uma sensualidade nota mil.	**2.** Sente tanto ciúme que... sai de baixo!
3. Mergulha fundo no que faz.	**3.** Não deixa nada barato.
4. Sempre dá a volta por cima.	**4.** Desconfia até da sombra.
5. Tem uma intuição apurada.	**5.** Pode ser agressivo demais.

FRASE DIVERTIDA DO SIGNO

"Deus é fiel. E você?"

A PERSONALIDADE DE ESCORPIÃO

Embora Escorpião não goste de superficialidades, esse signo nunca se revela completamente. Você mantém um lado secreto que quase ninguém (ou ninguém mesmo!) tem acesso, e sempre deixa um clima de mistério no ar.

Sua intuição é um presente do seu elemento, a Água. Esse elemento também explica seu gênio forte, suas emoções profundas, sua disposição inesgotável e seu comportamento instintivo. Você tem a capacidade de compreender os sentimentos dos outros e consegue captar as intenções no ar. Escorpião enxerga longe!

E por que a cauda do escorpião em posição de dar o bote representa seu signo? É que, assim como esse animal, quando Escorpião se sente ameaçado ou desafiado, adota uma postura agressiva e “destila seu veneno” com aquela sinceridade que tira o ar de qualquer um...

Seu signo é muito decidido e, mesmo que surjam obstáculos pelo caminho, não desanima. Pelo contrário, sai mais forte de cada adversidade que enfrenta. Possui uma disposição invejável para lutar por suas metas. Mas essa autoconfiança pode se confundir com agressividade.

Você ainda tem uma sensualidade imbatível! É o mais sensual do Zodíaco e sabe usar direitinho esse erotismo. É impossível resistir ao seu charme envolvente, mas é urgente aprender a administrar seus sentimentos e suas paixões, ok?

A INFLUÊNCIA DE PLUTÃO E A SUA MISSÃO

Seu signo é conhecido pela grande capacidade de dar a volta por cima após uma derrota. Essa é uma das influências do seu astro regente, Plutão, que representa o renascimento. Outras qualidades que herdou desse planeta são a coragem e a força para batalhar pelas suas metas, além da perspicácia.

Você tem uma importante missão: usar sua energia para inspirar as pessoas a confiarem nelas mesmas, ensinando que elas são capazes de se superar para trilhar o caminho da felicidade. Isso está na sua essência, que é a habilidade da transformação.

RESUMINDO...

- **Palavra de ordem:** intensidade
- **Alegra seu coração:** contar ou ouvir um segredo
- **Tira você do sério:** gente interesseira
- **É muito importante:** entender medos, fugas e inseguranças
- **Não é fácil, mas é preciso:** perdoar uma traição
- **Não existe, mas bem que poderia:** termômetro da paixão

ESCORPIÃO E A PAQUERA

Na paixão, você faz o estilo arrasador! Quando se apaixona, embarca nesse sentimento pra valer. Como em tudo na sua vida, se for para fazer mais ou menos, você nem faz. Então, quando sente atração por alguém, parte para o ataque de cara!

E a arte da conquista não é nenhum desafio para seu signo. Seu jeito sedutor aparece em todos os detalhes: no olhar, no toque, no jeito de falar...

Suas táticas são ousadas e quentes. Uma delas é ir envolvendo o alvo e, quando ele menos esperar, roubar um beijo repleto de tesão. Aí, fica quase impossível resistir à sua sensualidade e ao seu magnetismo.

Mas e se o alvo não corresponder ao seu interesse? Para muita gente, a rejeição provoca o afastamento. Só que, no caso de Escorpião, ela serve como um estímulo a mais. É que você adora uma dificuldade e, quando consegue vencer um obstáculo, a vitória ganha um sabor ainda mais especial.

PAIXÃO RADICAL

Como mergulha de cabeça quando entra em uma relação, espera o mesmo do seu par. Você acha que não existe outra forma de amar: ela tem que ser intensa. Mas precisa entender que nem todos se envolvem com a mesma velocidade e que algumas pessoas precisam de mais tempo... Como nem sempre assimila isso, pode colocar tudo a perder e se afastar do par ao considerar o sentimento dele insuficiente. Tente não pegar tão pesado, valeu?

QUEM FATURA O CORAÇÃO DE ESCORPIÃO?

Uma pessoa que mexa com seus instintos e que seja, acima de tudo, sincera. É que você precisa confiar nela de olhos fechados. Sua cara-metade precisa também ser compreensiva para encarar suas crises de ciúme. E, por último, mas não menos importante, tem que gostar muito de sexo. Afinal, você acredita que esse ingrediente é fundamental em um relacionamento.

COMBINAÇÕES NA PAQUERA

ESCORPIÃO E ÁRIES	Os dois gostam de tomar a iniciativa e sabem direitinho como se insinuar para chamar a atenção do alvo. Mas, como ambos agem pelo impulso, podem se precipitar...
ESCORPIÃO E TOURO	Touro é muito discreto para o gosto de Escorpião. Enquanto o par taurino faz uma aproximação lenta, os escorpianos chegam com tudo. É necessário um ajuste para o lance evoluir.
ESCORPIÃO E GÊMEOS	Quando Gêmeos está a fim de alguém, encontra um jeito de ser notado pela pessoa amada. O bom papo e a irreverência cativam Escorpião. Podem rolar encontros quentes.
ESCORPIÃO E CÂNCER	Como o par canceriano prefere que a outra pessoa dê o primeiro passo, Escorpião tem a faca e o queijo na mão para fisgar esse signo com toda a sua sensualidade e o seu jeito arrasador.
ESCORPIÃO E LEÃO	Quando Leão decide conquistar alguém, vai à luta usando seu magnetismo e sua ousadia, assim como Escorpião. Os dois só não podem começar uma competição já na paquera...
ESCORPIÃO E VIRGEM	Virgem quer saber bem onde está pisando e o jeito misterioso de Escorpião pode assustar. Mas como o par escorpiano não desiste fácil, pode faturar o coração virginiano.
ESCORPIÃO E LIBRA	Libra tem táticas poderosas de conquista, que podem atrair Escorpião. Agora, passada a atração inicial, as diferenças entre esses signos começam a pesar.
ESCORPIÃO E ESCORPIÃO	Esse jogo de conquista prevê altas doses de sensualidade. O olhar sedutor e uma boa pitada de ousadia são as armas para fisgar a atenção e o coração um do outro. Combinação quente.
ESCORPIÃO E SAGITÁRIO	A alegria de viver sagitariana é encantadora! E os desafios na conquista atraem Escorpião. Agora, no dia a dia, o jeito controlador do par escorpiano afasta Sagitário.
ESCORPIÃO E CAPRICÓRNIO	Capricórnio é pé no chão e prefere se envolver com quem já conhece. Então, Escorpião precisa de uma boa dose de paciência para faturar o coração do par capricorniano. Mas vale a pena!
ESCORPIÃO E AQUÁRIO	Se Escorpião não mostrar o jeito possessivo logo de cara, podem rolar encontros gostosos. Mas Aquário não admite que tirem sua liberdade, e isso tende a turbinar o ciúme escorpiano.
ESCORPIÃO E PEIXES	Peixes prefere se envolver aos poucos, mas o jeito arrebatador de Escorpião mexe com os instintos do par pisciano, que retribui na medida. Podem se jogar na paquera, pois é sucesso!

ESCORPIÃO E O ROMANCE

Você se entrega ao romance de corpo e alma. Isso significa que ama com todas as suas forças, mas sente ciúme na mesma intensidade. Faz o possível para agradar sua alma gêmea, mas, se a pessoa não agir da mesma maneira, vira uma fera! Caso fique com uma pulguinha atrás da orelha em relação à fidelidade do par, vai dar um jeito de tentar descobrir se suas dúvidas são reais. Aí, seu amor pode dar adeus ao sossego. Junto com as desconfianças, vêm muitas cobranças e fiscalizações. Você é capaz de levantar o passado do seu par, olhar mensagens no celular, investigar as redes sociais...

Outro elemento marcante é sua sexualidade à flor da pele. Junto com o amor, a dedicação e a alegria, os momentos de intimidade não podem faltar. Mais que isso: eles têm que corresponder à temperatura da sua paixão. E não é só na cama que esse temperinho tem que aparecer: no cinema, em uma fila, no barzinho... Você acredita que não existe lugar certo para seduzir quem ama, seja com um olhar insinuante ou um beijo quente.

Estar ao seu lado é garantia de uma vida sem marasmo. Pelo contrário, é bom sua cara-metade se preparar para lidar com uma montanha-russa de sentimentos, cheia de altos e baixos.

E SE CHEGAR AO FIM?

Sua reação vai depender de quem colocou o ponto final. Se for você, é doído, mas, se não teve outro jeito, vai buscar uma forma de se reerguer. Agora, se foi o ex-amor que tomou a iniciativa de romper, todo o instinto vingativo de Escorpião vem à tona. Vai brigar, esbravejar e, mais tarde, encontrar um jeito de revidar o sofrimento experimentado.

ESCORPIÃO E A INFIDELIDADE

Se seu ciúme e sua desconfiança tiverem fundamento e a traição se confirmar, a primeira reação é pensar em dar o troco e, claro, acabar de vez com o romance. E a situação inversa? Você pode trair se seu romance esfriar e seu tesão reclamar!

COMBINAÇÕES NO ROMANCE

ESCORPIÃO E ÁRIES	A paixão é vibrante e os dois mergulham de cabeça no lance. Mas brigas não faltam, pois vocês são intensos e turrões. Ambos precisam aprender a ceder para a relação dar certo.
ESCORPIÃO E TOURO	É o signo oposto de Escorpião e a atração é fatal! Como os dois se dedicam bastante ao romance, pode dar certo. Mas a possessividade é um problema que terão que superar.
ESCORPIÃO E GÊMEOS	Há muita química, mas Gêmeos é do tipo inconstante e aventureiro, e Escorpião não convive com suspeitas. Quando isso acontece, acaba aumentando a possessividade escorpiana.
ESCORPIÃO E CÂNCER	Escorpião se sente superbem ao lado do par canceriano, que é atencioso, carinhoso e ainda curte o misterioso jeito escorpiano. A sensualidade também impera nessa união.
ESCORPIÃO E LEÃO	Leão é genioso e, assim como Escorpião, gosta de comandar a relação. Discussões pontuam o romance. Fica complicado dar certo, a menos que aprendam a fazer concessões.
ESCORPIÃO E VIRGEM	Os dois levam o lance a sério e a estabilidade virginiana reforça a confiança de Escorpião. Só que Virgem não é de expressar o que sente. A combinação pede ajustes, mas pode ser promissora.
ESCORPIÃO E LIBRA	A atração é de pele! Porém, conflitos surgem em seguida, pois têm jeitos diferentes de viver e de pensar. Libra é o *inferno astral* de Escorpião, diminuindo ainda mais a sintonia...
ESCORPIÃO E ESCORPIÃO	Com o seu xará astral, a paixão é intensa e fala mais alto, mesmo quando ocorre briga. Os dois se entregam de corpo e alma ao amor. Só precisam dosar o ciúme, que, em dobro, é fogo!
ESCORPIÃO E SAGITÁRIO	A harmonia do romance fica na corda bamba. Sagitário tem um jeito livre, aventureiro e detesta dar satisfação. Ou seja, bate de frente com o estilo controlador de Escorpião.
ESCORPIÃO E CAPRICÓRNIO	No dia a dia, o relacionamento ganha entrosamento com boas conversas. Escorpião se dedica e dá amor ao par capricorniano, que transmite a segurança de que esse signo precisa.
ESCORPIÃO E AQUÁRIO	O jeito independente do par aquariano não combina com um signo dominador como Escorpião. Se o par escorpiano tentar tirar a liberdade de Aquário, o romance acaba azedando...
ESCORPIÃO E PEIXES	Peixes é o *paraíso astral* de Escorpião. Precisa falar mais? Esse signo consegue compreender o jeito de ser e de amar de Escorpião, além de se mostrar supercarinhoso. Casal nota mil!

ESCORPIÃO E O SEXO

Seu signo tem um pique incrível, então, é preciso muito fôlego para acompanhar você no sexo. Escorpião esbanja erotismo e dá muita importância à vida íntima. É nesse setor que extravasa a explosão de emoções e sentimentos que vivem dentro de você.

Esse signo é conhecido por ser um excelente amante, que curte os momentos a dois sem pressa nem pudor. Acredita que, na intimidade, vale tudo na busca pela satisfação — desde que os dois estejam a fim, é claro.

Ama inovar e ousar na cama — ou fora dela. Acredita, inclusive, que tudo é permitido se o casal estiver em sintonia. Sabe exatamente como deixar seu par em ponto de bala e gosta de ter seus desejos realizados. Aliás, para te enlouquecer, sua alma gêmea pode abusar de carícias e beijos em pontos estratégicos do seu corpo: nas orelhas, nas pernas e nos pés. Palavras picantes e posições diferentes ajudam a esquentar ainda mais o clima, fazendo das transas uma sucessão de experiências cheias de emoção e prazer.

TOQUE QUENTE

Seu jeito dominador tende a imperar na hora H também e, assim, você acaba conduzindo os encontros sexuais do jeito que quer. Mas saiba que ser dominado entre quatro paredes pode ser — e muito — excitante, viu? Experimente deixar que o par tome as decisões por uma noite no sexo. Você pode se surpreender e se amarrar nessa novidade. Vai até querer repetir mais vezes depois.

NO MUNDO DAS FANTASIAS

Como curte um clima de mistério e desafios, uma de suas fantasias é transar em um lugar proibido ou exótico: escada do prédio, banheiro da balada... Para você, quanto maior o risco de um flagra, mais turbinado fica o seu tesão. Se o par topar, você vai ao céu! Só uma dica: tome muito cuidado para não fazer sexo em local público ou pode entrar em uma fria.

COMBINAÇÕES NO SEXO

ESCORPIÃO E ÁRIES	É o ponto alto dessa combinação! Os dois são fogosos, ousados e curtem momentos de puro prazer. Aliás, é na cama que se entendem bem após uma discussão.
ESCORPIÃO E TOURO	Há muita química e costumam se dar bem entre quatro paredes. Touro é tão sensual quanto Escorpião e tem pique de sobra para amar. A relação é tão gostosa que pode até ajudar o romance...
ESCORPIÃO E GÊMEOS	Escorpião tem um jeito envolvente e sedutor. Gêmeos não mostra pudor na hora H e se adapta bem ao par escorpiano. Se Escorpião aproveitar para inovar, vai agradar ainda mais!
ESCORPIÃO E CÂNCER	Clima de muita afinidade sexual! A sensualidade de Escorpião mexe com os desejos do par canceriano, que consegue retribuir com uma atenção especial e muito carinho na transa.
ESCORPIÃO E LEÃO	O ponto de equilíbrio dessa combinação é o sexo. Na cama, resolvem as brigas e compartilham prazer. A intimidade é vibrante, já que os dois são amantes ardentes e têm pique.
ESCORPIÃO E VIRGEM	Os momentos a dois podem ser prazerosos. Mas o astral no sexo vai depender das preliminares, que são vitais para Virgem. Se Escorpião tiver paciência, o par virginiano pode surpreender, viu?
ESCORPIÃO E LIBRA	A sensualidade escorpiana desperta o desejo de Libra, mas, se o par escorpiano for com muita sede ao pote, pode acabar inibindo o par libriano. É preciso adicionar mais romantismo, tá?
ESCORPIÃO E ESCORPIÃO	Essa dupla é uma explosão na cama! Os dois têm muito pique e são envolventes e sensuais. São capazes de passar horas e horas na cama. Sem dúvida, o casal mais quente do Zodíaco!
ESCORPIÃO E SAGITÁRIO	Na cama, as diferenças que enfrentam no relacionamento diminuem. Escorpião acende o desejo de Sagitário. Os dois têm fogo de sobra, então, as transas são maravilhosas!
ESCORPIÃO E CAPRICÓRNIO	É surpreendente, sabia? Junto de alguém como Escorpião, o par capricorniano consegue esquecer as inibições, acompanhar bem o ritmo e, enfim, mostrar toda a sensualidade que possui.
ESCORPIÃO E AQUÁRIO	Promessas de erotismo puro! A criatividade e o jeito livre com que Aquário encara o sexo são estímulos a mais para Escorpião expressar todo o seu calor.
ESCORPIÃO E PEIXES	Têm um bom entendimento na cama. O lado terno e sedutor de Peixes deixa Escorpião mais a fim de se envolver e proporcionar prazer. O par pisciano também é fogoso e gosta de agradar.

ESCORPIÃO E AS AMIZADES

Escorpião é bastante seletivo na hora de escolher suas amizades. Costuma ter vários colegas, mas para entrar na lista de amigos de verdade só depois de ganhar, ou melhor, conquistar a sua confiança.

Com seu ar misterioso, pode passar a impressão de ser uma pessoa fechada. No entanto, com um pouco de convivência e intimidade, você mostra um lado especial a que poucos têm acesso.

Você é amigo até debaixo d'água: dedicado, leal e do tipo que ajuda os companheiros em qualquer momento, principalmente a dar a volta por cima depois de um problema. Tem um papo inteligente e um humor cativante e, se alguém lhe confiar um segredo, pode ter certeza de que ele será guardado a sete chaves!

Agora, pode ser um pouco ciumento com os amigos. É que você tem dificuldade em dividir a atenção e o afeto daqueles que estima. E, como em tudo na sua vida, exige reciprocidade. Se o amigo trair sua confiança, você não perdoa e tira a pessoa da sua vida na mesma hora.

FELIZ ANIVERSÁRIO!

Uma pessoa tão intensa como você não deixa essa comemoração passar em branco. Seu aniversário, então, não poderia ficar sem um evento caprichado e bem especial, certo? Seja em uma balada em um lugar bem alto-astral ou em uma reunião em casa mesmo, o importante é estar com seus amigos e familiares para, juntos, curtirem mais uma volta escorpiana ao redor do Sol! Viva!

E A PEDRA NO SAPATO?

A pedra no seu sapato é Libra, signo que representa seu *inferno astral*. Libra não tem o mesmo ritmo que você e pode se assustar ou não se adaptar ao jeito intenso de Escorpião. Para driblar os atritos e conviverem em harmonia, controle sua agressividade e respeite o tempo de Libra.

COMBINAÇÕES NAS AMIZADES

ESCORPIÃO E ÁRIES	Esse convívio está sujeito a altos e baixos. É que nenhum dos dois costuma levar desaforo para casa. Mas ambos são leais, então, a amizade pode durar se driblarem os desentendimentos.
ESCORPIÃO E TOURO	Escorpião tem uma forte ligação emocional com os amigos, mas faz questão da reciprocidade. E Touro, mesmo prestigiando a relação, não é dos signos mais afetuosos.
ESCORPIÃO E GÊMEOS	As conversas entre esses signos podem ser interessantes. Mas, para Escorpião, amizade é sinônimo de confiança, e o jeito falante de Gêmeos não inspira tanta segurança.
ESCORPIÃO E CÂNCER	A parceria entre Escorpião e Câncer tem tudo para ser daquelas que duram a vida toda. Os dois signos valorizam as mesmas coisas, são cúmplices e se dão superbem.
ESCORPIÃO E LEÃO	Com personalidades fortes como as de Escorpião e Leão, rola muita intensidade — nas qualidades e nos defeitinhos. Os dois vivem momentos especiais, mas têm atritos e podem se afastar.
ESCORPIÃO E VIRGEM	Vocês não são de colecionar amigos, pois preferem qualidade a quantidade. Estimam demais a relação que consolidam. Lealdade e sinceridade são a marca dessa dupla.
ESCORPIÃO E LIBRA	Escorpião não curte gente indecisa, e esse é justamente o fraco dos librianos. Por outro lado, Libra é muito companheiro. Para essa amizade crescer, os dois precisam exercitar a tolerância.
ESCORPIÃO E ESCORPIÃO	Leva tempo para vocês considerarem alguém como amigo. Mas, com a convivência, os dois vão mostrando suas qualidades e reconhecendo as afinidades que têm um com o outro.
ESCORPIÃO E SAGITÁRIO	O astral positivo de Sagitário atrai as pessoas como um ímã! Mas, como tem um jeito instável e desligado, Escorpião pode sentir que não está sendo valorizado e acabar se desligando.
ESCORPIÃO E CAPRICÓRNIO	Ponta firme não falta para Capricórnio. É tudo o que Escorpião procura e aprecia em um amigo. Os escorpianos são superlegais e protetores. Parceria linda!
ESCORPIÃO E AQUÁRIO	Aquário é um amigo que todos procuram, pois respeita o jeito de cada um. Mas não gosta de ser sufocado. Se Escorpião conseguir ser mais flexível, essa parceria pode surpreender.
ESCORPIÃO E PEIXES	Sensível e afetuoso, Peixes jamais abandona aqueles que estão ao seu lado. É um amigo generoso e que oferece apoio em todos os momentos: do jeitinho que Escorpião espera.

ESCORPIÃO E O TRABALHO

Seu signo sabe exatamente aonde quer chegar: ao poder, afinal, prefere estar no comando e dar ordens em vez de receber instruções e vozes de comando. Para realizar seu objetivo, trilha seu caminho de dedicação, determinação e sigilo.

Você realiza suas tarefas com cuidado e perspicácia. E, conforme recebe reconhecimento pelo seu esforço, sente ainda mais motivação para buscar melhores resultados. Consegue trabalhar sob pressão e não vacila quando precisa tomar alguma decisão. Essa postura confiante conta muitos pontos a seu favor.

Sua intuição é uma ótima aliada na vida profissional. Ela te ajuda a identificar boas oportunidades e também livra você de furadas. Você tem um incrível poder de convencimento e sabe comandar como poucos, transformando colegas em aliados. Só deve tomar cuidado para não exagerar na franqueza e na agressividade. Assim, não magoa as pessoas nem causa crises desnecessárias.

RELAÇÃO COM DINHEIRO

Acumular dinheiro é muito prazeroso para seu signo. Mas transformar uma pequena quantia em um montante maior é algo que traz ainda mais satisfação. No entanto, engana-se quem pensa que seu objetivo é ostentar riqueza. O que quer mesmo é garantir sua independência e conforto para si mesmo(a) e para as pessoas queridas. Inclusive, quando se encontra em uma situação financeira boa, faz questão de ajudar os amigos ou parentes!

PROFISSÕES INDICADAS

Atividades que exigem pulso firme, liderança, criatividade e intuição têm a ver com você. Por isso, pode se realizar nas áreas de restauração, investigação, medicina, vendas, política e pesquisa. Escorpião também pode brilhar se trabalhar como publicitário, escritor, policial ou terapeuta.

COMBINAÇÕES NO TRABALHO

ESCORPIÃO E ÁRIES	A vitalidade e a disposição são marcantes nessa parceria, embora possa haver competitividade. Além disso, os dois defendem com unhas e dentes o que pensam. Precisam ceder.
ESCORPIÃO E TOURO	Dupla produtiva, apesar das diferenças entre os dois. O colega taurino é perseverante, prático e enfrenta os desafios, inclusive as variações de humor de Escorpião, sem fazer dramas.
ESCORPIÃO E GÊMEOS	Gêmeos entra com as ideias e os contatos. Já Escorpião realiza as tarefas e contribui com autoconfiança. Tem tudo para ser sucesso, só precisam entender que cada um tem um jeito de trabalhar.
ESCORPIÃO E CÂNCER	Vocês são dedicados e respeitam a forma de pensar e de agir um do outro. Escorpião traz inovação para a equipe e Câncer equilibra com uma boa dose de prudência.
ESCORPIÃO E LEÃO	O colega leonino toma a iniciativa e adora comandar. A questão é que Escorpião também tem sede de liderança. Aí, o confronto é inevitável. Por outro lado, esbanjam dinamismo e produtividade.
ESCORPIÃO E VIRGEM	Perfeccionista e disciplinado, Virgem cuida de cada detalhe do trabalho. Escorpião soma com habilidade de persuasão e seu jeito determinado. E o melhor é que se entendem bem!
ESCORPIÃO E LIBRA	Precisam de boa vontade e tolerância para as diferenças não atrapalharem o bom andamento do serviço. É que Libra não desperta muita confiança, e Escorpião se mostra exigente...
ESCORPIÃO E ESCORPIÃO	Essa combinação costuma ser "oito ou oitenta". Ambos têm disposição e força de vontade para dar conta das atividades. Mas o gênio forte pode azedar a convivência.
ESCORPIÃO E SAGITÁRIO	Podem fazer sucesso e ter bons lucros se somarem forças, sabia? Agora, não significa que será um mar de rosas. Confrontos e tensões podem marcar esta parceria, pois são duros na queda.
ESCORPIÃO E CAPRICÓRNIO	Ambicioso e perseverante, Capricórnio é um aliado importante para o crescimento profissional de Escorpião. Aliás, a força de vontade dos escorpianos é bastante inspiradora. Dupla focada!
ESCORPIÃO E AQUÁRIO	Aquário é contestador: detesta regras e não aceita imposições. Escorpião também não costuma entender uma mania do colega aquariano: fazer várias coisas ao mesmo tempo...
ESCORPIÃO E PEIXES	Peixes adora ajudar e aceita bem ser comandado. Também é ótimo para dar ideias criativas. Escorpião só vai ter que suavizar um pouco as cobranças ou pode magoar o colega pisciano.

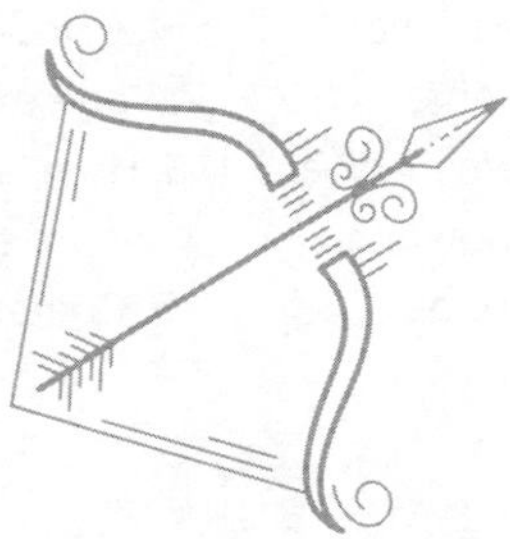

SAGITÁRIO

22/11 – 21/12

SAGITÁRIO, VOCÊ É ASSIM...

Otimismo, autoconfiança, lealdade, energia e generosidade são as marcas registradas de Sagitário. Esse signo adora ser livre e não dispensa uma aventura, além de ser considerado o talismã do Zodíaco, já que a sorte segue os passos dos sagitarianos como uma sombra! As pessoas de Sagitário adoram sair em busca de seus sonhos e de aproveitar ao máximo a jornada, porque o mais importante não é conseguir alcançar os objetivos, e sim ser capaz de se arriscar!

5 PONTOS POSITIVOS	5 PONTOS NEGATIVOS
1. O filósofo da turma.	**1.** É sincero até demais.
2. É superotimista.	**2.** Pode exagerar as coisas.
3. A extroversão em pessoa.	**3.** É um tanto impaciente.
4. Topa escalar montanha!	**4.** Às vezes, é descuidado.
5. Bom humor de dar inveja.	**5.** Comete o pecado da gula.

FRASE DIVERTIDA DO SIGNO

"Não me segue que eu não sou série!"

A PERSONALIDADE DE SAGITÁRIO

A ideia de colocar uma mochila nas costas e correr o mundo já deve ter passado pela sua cabeça, não é mesmo? Ir para onde quiser e fazer o que bem entender, sem ter que dar satisfações a ninguém nem pensar que precisa dormir cedo porque há um trabalho à sua espera no dia seguinte é o sonho de qualquer sagitariano. É que seu signo sente um gosto especial pelas aventuras, adora ousar, viver novas experiências e aproveitar a vida até a última gota.

Além de apreciar muito a liberdade e os momentos de lazer, seu signo adora conhecer gente nova e descobrir histórias diferentes. Isso porque enriquecer sua existência é um dos pilares da sua vida, é o que traz mais sentido para a sua jornada. Por isso, seu signo é considerado um cidadão do mundo.

Além disso, a sinceridade é uma das suas características mais marcantes, o que leva você a não ficar com rodeios quando quer dizer alguma coisa a alguém. Por outro lado, esse excesso de franqueza pode se tornar um defeitinho. Nada que sua generosidade, um presente de Júpiter, que governa seu signo, não resolva.

Seu elemento, o Fogo, destaca seu jeito dinâmico de ser e realça a sua criatividade, fazendo com que você tenha sempre um novo projeto em mente. O Fogo também incentiva a sua ousadia, afastando o medo de errar ou de fracassar, principalmente diante de novos desafios.

A INFLUÊNCIA DE JÚPITER E A SUA MISSÃO

O planeta que traz toda essa inspiração para a sua vida é, como foi dito, Júpiter. O regente do seu signo explica a habilidade sagitariana de sempre buscar novos conhecimentos e também o talento que seu signo tem para fazer novos amigos. O único probleminha, devido a influência desse astro, é que seu estilo aventureiro nato pode fazer você querer escapar de uma relação amorosa firme. Não fuja da raia! Tudo vai dar certo!

Esse seu jeito alegre e brincalhão conversa superbem com a sua missão de vida, que é espalhar otimismo. Aposte na sua generosidade e no seu bom humor para mostrar que a felicidade e a esperança são as maiores aliadas de uma vida feliz.

RESUMINDO...

- **Palavra de ordem:** novidade
- **Alegra seu coração:** andar de balão
- **Tira você do sério:** gente detalhista demais
- **É muito importante:** preservar a própria liberdade
- **Não é fácil, mas é preciso:** cumprir uma promessa
- **Não existe, mas bem que poderia:** aspirador de gente chata

SAGITÁRIO E A PAQUERA

Seu signo adora jogar charme por aí para ver o que acontece e acaba conquistando vários corações por onde passa. E, quando se interessa de verdade por alguém, põe pra jogo seu jeitinho mais atirado e muito envolvente.

Como tem uma lábia deliciosa e bastante charme, acaba derrubando qualquer defesa. Seu entusiasmo e sua alegria de viver também são grandes trunfos na hora da paquera, pois ajudam a chamar a atenção de quem você deseja.

Você adora pessoas que saibam conversar sobre qualquer assunto e tenham interesses diversos, não necessariamente iguais aos seus. Mas, quando o contato evolui, você pode perder a motivação e abandonar o objetivo da conquista se notar que os seus ideais não estão sendo respeitados ou correspondidos à altura.

BANDEIRA DA LIBERDADE

Se a pessoa que está ao seu lado sente muito ciúme de você, é sinal de que o interesse dela é mesmo verdadeiro, certo? Errado! Pelo menos para o seu signo, esse tipo de pensamento está totalmente equivocado. Se no decorrer da paquera o alvo der algum sinal de possessividade, toda a sua empolgação vai por água abaixo... É que gente ciumenta dificilmente tem vez com você na paixão. Para o seu signo, não há nada melhor do que curtir uma relação de confiança, com liberdades individuais preservadas.

QUEM FATURA O CORAÇÃO DE SAGITÁRIO?

Uma pessoa mandona, ciumenta e que queira saber tim-tim por tim-tim o que você faz e por onde anda não tem nada a ver com você. Para fisgar mesmo o seu coração, o alvo tem que adorar curtir a vida e nem pensar em implicar com a sua galera. E, se embarcar nos seus programas, melhor ainda! Seu par ideal precisa ter interesses próprios e capacidade de compreensão.

COMBINAÇÕES NA PAQUERA

SAGITÁRIO E ÁRIES	Essa combinação é abençoada pelas estrelas! Como Sagitário e Áries são signos dinâmicos e que adoram aproveitar a vida, a aproximação na conquista promete ser das melhores, valeu?
SAGITÁRIO E TOURO	O lance entre esses dois signos pode dar certo, pois Sagitário contagia a pessoa de Touro com sua alegria. Mas, se o taurino for possessivo, a paquera pode entornar.
SAGITÁRIO E GÊMEOS	A sedução promete ser um sucesso entre Sagitário e Gêmeos, pois um signo se encanta logo pelo outro. São animados, adoram novidades e rejeitam a rotina. Apostem em bons papos!
SAGITÁRIO E CÂNCER	Pode pintar uma certa atração entre esses dois signos, mas Sagitário deve ter cuidado com a inconstância durante o jogo da conquista, já que isso pode assustar a pessoa de Câncer.
SAGITÁRIO E LEÃO	Essa combinação é excelente e isso fica claro logo nos primeiros encontros. Leão é animado e uma ótima companhia para Sagitário em todos os agitos. Vira romance, sim!
SAGITÁRIO E VIRGEM	Essa dobradinha não é das melhores e isso fica claro já no jogo da sedução. Acontece que Sagitário é um signo mais desapegado e isso pode incomodar Virgem logo de cara.
SAGITÁRIO E LIBRA	Libra admira o estilo de vida de Sagitário e se derrete pela alegria de viver desse signo. Por isso, a paixão pode abrir espaço para um romance gostoso. Vale a pena investir!
SAGITÁRIO E ESCORPIÃO	Escorpião é o *inferno astral* de Sagitário e as diferenças de personalidade já aparecem na paquera: o par escorpiano é dominador e Sagitário prioriza sua liberdade.
SAGITÁRIO E SAGITÁRIO	A aproximação entre as pessoas de Sagitário promete ser ótima, já que têm jeitos parecidos e se entendem. Vocês adoram conversar e se aventurar. A conquista tende a ser animada!
SAGITÁRIO E CAPRICÓRNIO	É melhor não ir com muita sede ao pote, tá? Como Sagitário e Capricórnio são signos bastante diferentes, pode faltar receptividade, o que complica o aquecimento para o namoro.
SAGITÁRIO E AQUÁRIO	O jeito empolgante de Sagitário é um convite para Aquário se aproximar. O amor pode até brotar de uma relação de amizade entre esses signos. A conquista tem tudo para dar certo!
SAGITÁRIO E PEIXES	Como Sagitário vibra com o jeito meigo de Peixes, a paquera pode se desenrolar. Mas, se o par pisciano se mostrar muito sentimental, é possível que Sagitário caia fora.

SAGITÁRIO E O ROMANCE

Seu signo tem uma tendência a não assumir compromissos logo de cara, porque curte demais a ideia de ser livre. Mas, quando resolve abrir o seu coração para alguém e engatar pra valer um namoro, demonstra uma grande disposição para que tudo dê certo. Sagitário é carinhoso, mas meio inconstante ao mesmo tempo, o que pode confundir um pouco a pessoa amada em relação aos sentimentos desse signo.

Agora, casamento já é um assunto mais complicado para o seu signo. Você demora para trocar alianças, pois acaba vendo o matrimônio como uma prisão e fica imaginando a quantidade de coisas boas que irá perder caso embarque nessa nova vida.

Porém, no dia a dia conjugal, seu jeito brincalhão toma conta e você faz o possível para ver sua alma gêmea feliz. Costuma apoiar os projetos da pessoa amada e raramente sente ciúme: isso vai contra sua natureza independente.

E SE CHEGAR AO FIM?

Seu signo encara o término de uma relação como um recomeço. Isso não significa que você não vá sentir o rompimento, mas, sim, que a tristeza passa logo! Em pouco tempo, Sagitário já se sente preparado para amar de novo, mas, dessa vez, vai adiar a oficialização da relação em um cartório. Seu interesse será namorar bastante no melhor estilo "deixe a vida me levar", sabe?

SAGITÁRIO E A INFIDELIDADE

Como seu signo tem um jeito livre, leve e solto, pode acontecer de dar uma escapadinha de vez em quando... Mesmo sabendo que pode se arrepender depois, fica meio difícil resistir a uma tentação. Agora, se descobrir um episódio de infidelidade por parte do par, tende a se magoar e pensar que a confiança foi quebrada, mas dificilmente fará uma cena explosiva por conta disso.

COMBINAÇÕES NO ROMANCE

SAGITÁRIO E ÁRIES	Áries é o *paraíso astral* de Sagitário e pode fazer esse signo muito feliz em um relacionamento. Fortes emoções marcam o convívio, e Áries respeita a liberdade do par sagitariano.
SAGITÁRIO E TOURO	A combinação entre esses signos enfrenta desafios, já que Touro tem um jeito possessivo e Sagitário preza sua liberdade. Precisam apostar no diálogo para resolver atritos, ok?
SAGITÁRIO E GÊMEOS	Sagitário se adapta ao estilo de Gêmeos e não é de fazer exigências no romance. A sintonia é muita boa, e o convívio animado. Mas devem tomar cuidado com a inconstância, tá?
SAGITÁRIO E CÂNCER	Câncer é um signo carinhoso, que gosta de receber atenção. Com isso, Sagitário se sente pressionado com cobranças e ciúme. Para a relação dar certo, um precisa se habituar ao jeito do outro.
SAGITÁRIO E LEÃO	Sagitário é o *paraíso astral* de Leão e os dois signos têm muita alegria de viver, fazendo com que o romance seja animado e harmonioso. Não faltam paixão nem empolgação no dia a dia.
SAGITÁRIO E VIRGEM	Problemas podem aparecer. Virgem é um signo controlador, que gosta de saber o que se passa com o par. Já Sagitário é o maior defensor da própria independência. É preciso boa vontade!
SAGITÁRIO E LIBRA	A relação entre Sagitário e Libra é repleta de felicidade e harmonia. O par libriano gosta de levar o relacionamento em um clima de paz e amor, e brigas passam longe do convívio.
SAGITÁRIO E ESCORPIÃO	O tempo tende a fechar no dia a dia entre esses signos, já que Escorpião perde a paciência rapidinho e Sagitário se deixa levar pelos impulsos. Combinação cheia de riscos.
SAGITÁRIO E SAGITÁRIO	Há muita sintonia na vida amorosa dessa dupla. Os dois são divertidos e otimistas, e o par de Sagitário entende a necessidade de liberdade de quem está ao seu lado.
SAGITÁRIO E CAPRICÓRNIO	Altos e baixos, já que Sagitário é o *inferno astral* de Capricórnio. O par sagitariano detesta dar satisfação, já a pessoa de Capricórnio tem necessidade de vigiar seu par.
SAGITÁRIO E AQUÁRIO	Os dois têm sede de novidades e curtem emoções. Juntos, transformam o romance em uma aventura diária, repleta de surpresas e alegrias. A monotonia passa longe da convivência.
SAGITÁRIO E PEIXES	Como Peixes é um signo bastante emotivo e carinhoso, espera muito do romance e faz cobranças, o que bagunça o humor de Sagitário. Para dar certo, vocês devem fazer concessões.

SAGITÁRIO E O SEXO

Como pertence a um signo de Fogo, você tem energia de sobra para transformar a intimidade em uma maratona de intenso prazer. Para você, o sexo é uma oportunidade de testar a força da sua criatividade! Aliás, isso é essencial para que seu signo experimente uma transa boa de verdade.

Você gosta de viver emoções diferentes, testar posições novas, saborear aventuras, enfim, afastar a rotina. É capaz de passar horas explorando as delícias do sexo e, se o seu par tiver fôlego para acompanhar o seu pique, aí é que ninguém conseguirá tirar vocês da cama, do sofá, do tapete, da mesa, da cadeira...

As partes mais sensíveis do seu corpo são a boca, o pescoço, a nuca, as coxas e a virilha. Você vê estrelas quando ganha carícias nessas regiões! Também é liberal na cama e ama incluir filmes picantes na hora H para despertar sensações novas. Além dos filmes, entram na dança chocolate, frutas, chantilly, gelo etc. Que tal testar posições de ladinho, de costas ou alguma bem extravagante? Você vai delirar!

TOQUE QUENTE

Agora, a sinceridade de Sagitário pode fazer com que esse signo não tenha papas na língua se acabar não gostando de alguma coisa no ninho de amor. Vai acabar revelando ao par o que não curtiu, mas precisa pegar leve para não exagerar na franqueza e acabar magoando quem está ao seu lado. Aí, não há clima de sedução que resista...

NO MUNDO DAS FANTASIAS

Para uma pessoa aventureira como você, transas em locais tradicionais podem acabar sendo meio mornas. Que tal experimentar fazer sexo ao ar livre ou dentro do carro? Mas seu signo vai mesmo à loucura quando pode curtir as delícias da intimidade em uma praia deserta ou em um lugar com uma paisagem bem exótica.

COMBINAÇÕES NO SEXO

SAGITÁRIO E ÁRIES	Não falta tesão entre os signos de Sagitário e Áries e, como adoram sexo, toda emoção mais forte acaba virando um impulso erótico. São fogosos e curtem ótimos momentos juntos.
SAGITÁRIO E TOURO	Se, por um lado, a relação amorosa entre esses signos pode ser tensa, o desejo transborda na intimidade. Se quiserem competir para ver quem tem mais pique, o páreo vai ser duro!
SAGITÁRIO E GÊMEOS	O par de Gêmeos embarca nos estímulos sagitarianos e o clima pega fogo — uma transa nunca é igual a outra! Como são criativos, brincadeiras eróticas descontraem e aquecem a hora H.
SAGITÁRIO E CÂNCER	A atração é poderosa, mas Câncer não pensa como Sagitário, que acredita que, no sexo, não deve haver censura. Para dar certo, Sagitário precisa respeitar os limites cancerianos.
SAGITÁRIO E LEÃO	Leão tem um erotismo parecido com o de Sagitário e pode proporcionar muita satisfação no rala e rola. Os dois signos dão asas à imaginação e adoram levar inovações para a cama.
SAGITÁRIO E VIRGEM	A fogosidade de Sagitário pode despertar desejos fortes no par virginiano. Mas é bom transmitir segurança, respeitar o tempo de Virgem e ter paciência até esse signo se soltar.
SAGITÁRIO E LIBRA	O ritmo de Libra não é tão intenso quanto o da pessoa de Sagitário, mas, com carícias e gentilezas, pode surpreender. Libra adora colocar pitadas de romantismo nas transas.
SAGITÁRIO E ESCORPIÃO	Todas as diferenças entre Sagitário e Escorpião ficam para trás quando o assunto é sexo! Ambos têm energia de sobra e as transas são recheadas de intensidade e tesão.
SAGITÁRIO E SAGITÁRIO	Astral de pura integração! Vocês não deixam a rotina apagar o fogo e, como são originais, vivem inventando maneiras de incendiar a cama. Juntos, buscam o máximo de prazer!
SAGITÁRIO E CAPRICÓRNIO	Capricórnio é um signo mais sério, mas, entre quatro paredes, revela todo o erotismo que possui. Sagitário sabe muito bem como excitar o par capricorniano e prazer não falta!
SAGITÁRIO E AQUÁRIO	Vocês têm disposição, e bons papos deixam Aquário em ponto de bala. Sagitário adora novidades e se delicia com as propostas diferentes feitas pelo par aquariano.
SAGITÁRIO E PEIXES	Sagitário tem energia de sobra para despertar o tesão do par de Peixes e curtir momentos de pura sedução ao lado desse signo. A relação é cheia de sensualidade e magia!

SAGITÁRIO E AS AMIZADES

Viver ao seu lado é sempre uma surpresa, porque você adora inventar passeios diferentes e encontrar formas de fugir da rotina. Também curte reunir os amigos para praticar algum tipo de esporte bem animado, sobretudo os coletivos: vôlei, futebol, basquete, biribol...

Além disso, o bom humor é uma característica do amigo sagitariano! Por isso, você é mestre em contar piadas e rir das situações absurdas do cotidiano. E isso é contagiante! Outra coisa, Sagitário é considerado um signo sortudo pelas pessoas do seu convívio.

O único problema nesse campo é seu temperamento meio inconstante e desligado. É que isso pode fazer com que suas relações de amizade não sejam tão duradouras, mesmo que seu signo esteja sempre disponível para reencontros. Seu segundo desafio é sua sinceridade excessiva, que pode incomodar, magoar, surpreender ou até irritar os amigos. Alguns deles podem, inclusive, preferir se afastar... Melhor pegar leve, valeu?

FELIZ ANIVERSÁRIO!

Como ama diversões e muita curtição, o dia do seu aniversário é encarado como um grande evento. Você vai reunir os amigos e a família em um ambiente superanimado, com direito a música, muita comida e bebidinhas especiais. Agora, se não puder fazer uma festa, pode considerar a possibilidade de embarcar em uma viagem cheia de aventuras com sua galera.

E A PEDRA NO SAPATO?

O signo que representa o seu *inferno astral* é Escorpião e, por isso pode ser uma pedra bem grande no seu sapato. Como vocês têm jeitos bem diferentes — Escorpião não abre mão do que acha certo e você não lida muito bem com autoritarismo —, podem pintar enormes conflitos nessa amizade. Vão precisar de boa vontade para tudo caminhar bem.

COMBINAÇÕES NAS AMIZADES

SAGITÁRIO E ÁRIES	Sagitário e Áries são signos animados, que adoram curtir baladas e aventuras. Um deixa a vida do outro mais alegre e divertida. Essa amizade tem tudo para dar certo.
SAGITÁRIO E TOURO	A alegria de viver do colega de Sagitário fascina o amigo taurino. Mas ambos devem tomar cuidado como o excesso de franqueza, pois isso pode azedar os rumos dessa parceria, valeu?
SAGITÁRIO E GÊMEOS	A relação fraternal entre Sagitário e Gêmeos é marcada por conversas cheias de novidades e entrosamento. Porém, o amigo sagitariano deve se lembrar de pegar leve na sinceridade.
SAGITÁRIO E CÂNCER	Vocês não têm muitas coisas em comum. O lado aventureiro de Sagitário não bate muito com o jeitão caseiro de Câncer. Precisam de boa vontade para se entender.
SAGITÁRIO E LEÃO	O amigo de Leão é capaz de expandir os horizontes do colega de Sagitário, que fica com ainda mais vontade de aproveitar a vida. Essa amizade tem tudo para ser um sucesso!
SAGITÁRIO E VIRGEM	Vocês têm estilos diferentes, mas, se o colega virginiano se animar com as histórias do amigo de Sagitário, podem se conhecer melhor e cultivar uma relação gostosa.
SAGITÁRIO E LIBRA	O colega de Libra é bastante sociável e atencioso, do tipo que as pessoas querem ter sempre por perto. Como Sagitário é um poço de simpatia, essa parceria é excelente!
SAGITÁRIO E ESCORPIÃO	Sagitário costuma ter boa vontade, mas a confiança é essencial para o colega de Escorpião. O convívio está sujeito a conflitos e é preciso que os dois lados aprendam a ceder, ok?
SAGITÁRIO E SAGITÁRIO	A relação entre esses xarás é bastante especial e sincera. Vocês têm muitas experiências e histórias para compartilhar e isso promete momentos alegres e preciosos na convivência.
SAGITÁRIO E CAPRICÓRNIO	Sagitário é um signo que saboreia os bons momentos e Capricórnio controla até os horários de lazer. Esses signos não se curtem muito e a relação pode enfrentar aborrecimentos.
SAGITÁRIO E AQUÁRIO	A amizade entre esses dois signos é o destaque da combinação. O laço de carinho e cumplicidade entre Sagitário e Aquário abre as portas para um relacionamento bom demais!
SAGITÁRIO E PEIXES	Peixes é um signo bastante afetuoso, mas dá importância a tudo o que ouve, então, pode acabar se magoando com a franqueza sagitariana. Precisam ter tato na convivência, ok?

SAGITÁRIO E O TRABALHO

Seu signo tem mil e uma ideias na cabeça e pode acabar se sobrecarregando ao tentar colocar tudo isso em prática na profissão. Por isso, o trabalho em equipe é uma opção excelente para você! Além disso, você inventa sempre uma ideia criativa para melhorar resultados ou solucionar conflitos no universo corporativo.

Atividades que favoreçam a liberdade de ação combinam com o pique sagitariano. Você gosta de criar, improvisar e se surpreender. Só precisa ficar de antena ligada na sua inconstância, pois não é raro seu signo deixar coisas inacabadas. Fiscalize isso, valeu?

Outro obstáculo que você pode enfrentar na carreira é a rotina. A menos que trabalhe por conta própria, é necessário habituar-se a ela. Se o desânimo bater nessa hora, conte com sua incrível disposição para dar a volta por cima e reabastecer seu tanque pessoal de energia, tá?

RELAÇÃO COM DINHEIRO

Você curte ganhar bem, não pelas coisas que o dinheiro pode comprar ou pelo prestígio que ele traz, mas sim pela possibilidade de fazer o que quiser e quando tiver vontade. Seu signo também não teme os riscos, por isso pode acabar investindo tudo o que tem em promessas de ganho fácil — é melhor ver bem onde pisa, ok? Além de gastar mais do que deve, sente uma certa dificuldade em administrar o orçamento.

PROFISSÕES INDICADAS

Como seu signo é bastante dinâmico e cheio de energia, você vai se dar bem em profissões que pedem facilidade de expressão, criatividade e litros de energia! Pode curtir áreas relacionadas a direito, esportes, vendas, turismo, educação e comunicação. Também pode encontrar sucesso em atividades que precisem de boa lábia e entusiasmo como relações públicas e jornalismo.

COMBINAÇÕES NO TRABALHO

SAGITÁRIO E ÁRIES	Sagitário e Áries logo se integram no trabalho, mas tudo fica ainda melhor se forem menos apressados. Entusiasmo, estilo dinâmico e vontade de vencer fazem parte dessa dupla.
SAGITÁRIO E TOURO	O jeito impulsivo de Sagitário deixa Touro inseguro. Por isso, Sagitário deve mostrar calma e prudência para conquistar a confiança do colega, tá? Touro ajuda na organização.
SAGITÁRIO E GÊMEOS	Há muito talento e cooperação. Sagitário costuma se entusiasmar com novos projetos, o que Gêmeos adora, mas correm o risco de abandonar questões importantes no meio do caminho.
SAGITÁRIO E CÂNCER	Dedicado, Câncer coopera com a maior boa vontade e não poupa tempo nem empenho. Mas Sagitário deve ter tato para não ser tão franco nem direto, pois Câncer se magoa fácil.
SAGITÁRIO E LEÃO	Ao lado de Leão, Sagitário demonstra motivação para crescer no serviço, ampliar horizontes e aprender com novas experiências. O entrosamento é bom, mas devem dosar as conversas, valeu?
SAGITÁRIO E VIRGEM	Enquanto Sagitário é o dinamismo em pessoa e adora novos estímulos no trabalho, Virgem prefere rotinas e cuida dos mínimos detalhes. Precisam se adaptar um ao outro.
SAGITÁRIO E LIBRA	Libra apoia as iniciativas e as ideias sagitarianas. Além disso, o colega libriano ajuda Sagitário a se entender bem com os outros. A parceria pode render até uma amizade.
SAGITÁRIO E ESCORPIÃO	Os dois signos são determinados, mas podem bater de frente. Escorpião não abre mão do que acha certo e Sagitário também defende suas ideias com unhas e dentes.
SAGITÁRIO E SAGITÁRIO	São dinâmicos, confiantes e formam uma boa dupla, só não gostam muito de disciplina. Juntos, podem realizar muitos projetos e trilhar o caminho da prosperidade.
SAGITÁRIO E CAPRICÓRNIO	Dedicação, compromisso e empenho são lições que Sagitário aprende com o colega de Capricórnio, mas não se deve esperar apenas rosas no caminho dessa relação profissional.
SAGITÁRIO E AQUÁRIO	Criatividade em alto grau nessa parceria! Sagitário e Aquário são inventivos e gostam de trabalhar com liberdade de ação, mas, algumas vezes, o colega aquariano pode se distrair.
SAGITÁRIO E PEIXES	Peixes é um signo intuitivo e comenta as ideias do colega, mas, de vez em quando, se mostra dependente, o que pode incomodar Sagitário, que preserva a liberdade de ação.

CAPRICÓRNIO

22/12 – 20/01

CAPRICÓRNIO, VOCÊ É ASSIM...

Realidade e fantasia são duas coisas que não se misturam para você. Isso porque o seu signo tem uma noção exata das condições em que vive e jamais perde tempo com ideias mirabolantes ou sonhos que só irão se realizar no mundo da imaginação — portanto, você prefere ir atrás de chances reais. Esse signo tem um jeito meio fechado e até tenta esconder os sentimentos, por isso às vezes, pode passar uma imagem de frieza, mas, no fundo, tem verdadeira paixão pela vida.

5 PONTOS POSITIVOS

1. É muito perseverante.
2. Jamais perde a hora.
3. Bem ambicioso.
4. É pura sensatez!
5. Bastante objetivo.

5 PONTOS NEGATIVOS

1. Rígido além da conta.
2. Pode ficar "deprê".
3. Meio Tio Patinhas: avarento!
4. Um pouco solitário.
5. Se acha o rei da cocada.

FRASE DIVERTIDA DO SIGNO

"Agora não posso, tô ocupado!"

A PERSONALIDADE DE CAPRICÓRNIO

Trocar de emprego a toda hora, arriscar várias formas de ganhar dinheiro, largar tudo para buscar uma nova vida em outro lugar... Certamente, você não se identificou com nada disso, não é mesmo? Isso porque o seu signo precisa tanto de segurança que acaba resistindo às mudanças. Além do mais, seu jeito conservador impede que você esteja sempre renovando a sua vida. Mas isso não quer dizer que seu signo fique parado no tempo e no espaço, valeu?

Na verdade, Capricórnio busca diariamente a sua própria superação, só que não tem pressa para chegar aonde deseja, pois sabe ser paciente. A obstinação é uma palavra que define seu jeito de ser. Porque não há, no mundo, um obstáculo sequer que jogue um balde de água fria em sua vontade de vencer.

Por isso, o trabalho é uma das prioridades da sua vida, já que é através dele que você mostra sua notável capacidade de realização. Seu negócio é colocar a mão na massa, levantar valores, definir recursos, determinar prazos, projetar resultados...

Você é quem faz um sonho virar realidade. Mas isso acaba amplificando sua ambição, o que tem um preço: a repressão das suas emoções. E é daí que vem a fama de signo frio e calculista.

Capricórnio pertence ao elemento Terra e, por isso tem consciência dos seus atos e bastante responsabilidade. Também não costuma perder tempo com o que já aconteceu: passado é passado!

A INFLUÊNCIA DE SATURNO E A SUA MISSÃO

Por conta da regência de Saturno, uma de suas características mais marcantes é a persistência. Dia após dia, seu signo luta com garra pelo que quer, sem jamais desistir.

Passar horas reclamando da vida? Não mesmo! Quando comete um erro, costuma assumir a culpa sem problemas. Saturno, deus do tempo, era reconhecido pelo seu poder e pela sua inteligência brilhante, porém não aceitava mudanças. Por isso, quem pertence a esse signo deve aprender a se adaptar às transformações da vida, fugir do isolamento e desconfiar menos dos outros.

RESUMINDO...

- **Palavra de ordem:** perseverança
- **Alegra seu coração:** aumento de salário
- **Tira você do sério:** gente preguiçosa
- **É muito importante:** planejar cada passo
- **Não é fácil, mas é preciso:** levar a vida menos a sério
- **Não existe, mas bem que poderia:** árvore de dinheiro

CAPRICÓRNIO E A PAQUERA

Talvez a paquera seja uma das etapas mais tensas para o seu signo no que diz respeito aos assuntos do coração. No jogo da conquista, é preciso dar a cara para bater, e você detesta fazer isso. É que, no fundo, tem medo de se enganar ou de que a outra pessoa não leve a história a sério.

Porém, quando se apaixona, você não poupa esforços para ganhar o coração do par. Costuma agir de maneira sutil, observar bem onde vai pisar, mas sabe direitinho como envolver o seu alvo, deixando-o cada vez mais fascinado pelos seus encantos. Acredita que a pressa é inimiga da perfeição também no amor.

Seu signo gosta de estar no comando, mas não curte ter ao seu lado alguém submisso, sem personalidade nem vontades próprias. Assim, a confiança interior não fica de fora dos seus requisitos na paquera. Na verdade, é algo de extrema importância para o seu signo.

DE OLHO NA TRADIÇÃO

Certamente, você deve olhar para os relacionamentos dos seus pais ou avós e admirá-los, não é mesmo? Isso acontece porque seu signo é bastante apegado às tradições e um amante à moda antiga, por isso se espelha nos modelos românticos da sua família.

Então, nada melhor do que se inspirar nas histórias felizes do seu pessoal na hora de seduzir alguém. Seu principal interesse é consolidar um relacionamento com responsabilidade e estabilidade emocional.

QUEM FATURA O CORAÇÃO DE CAPRICÓRNIO?

Sua cara-metade precisa participar da sua vida e compartilhar os desejos dela também, afinal, para o seu signo, uma união amorosa significa exatamente isso: duas pessoas unidas, apoiando uma a outra. Além de ser sincera, batalhadora e responsável, a sua alma gêmea precisa ter ideais parecidos com os seus, para que planejem e construam um futuro juntos.

COMBINAÇÕES NA PAQUERA

CAPRICÓRNIO E ÁRIES	Atração não falta entre esses signos, mas os dois precisam de diplomacia para a conquista vingar. Isso porque Áries tem pressa de ser feliz, já Capricórnio vai com calma, bem pianinho.
CAPRICÓRNIO E TOURO	A aproximação entre esses signos tem tudo para ser um sucesso. Como Capricórnio e Touro pertencem ao elemento Terra, são sinceros e têm maturidade emocional. Apostem nisso!
CAPRICÓRNIO E GÊMEOS	Esses signos têm jeitos bem diferentes. Gêmeos é inconstante e gosta de levar uma vida animada, já Capricórnio é mais sério e reservado. Precisam de jogo de cintura para dar samba!
CAPRICÓRNIO E CÂNCER	A aproximação entre esses dois signos no jogo da paquera pode dar certo, já que tanto Capricórnio quanto Câncer buscam a segurança de um amor tranquilo. Um completa o outro.
CAPRICÓRNIO E LEÃO	Apesar de rolar uma química, não há garantia de que a conquista será um sucesso. Isso porque Leão adora aparecer e receber elogios, já Capricórnio é a discrição em pessoa.
CAPRICÓRNIO E VIRGEM	Melhor, impossível! Essa combinação é repleta de boas energias, o que pode garantir que a aproximação vire algo mais. A sinceridade e a fidelidade têm espaço garantido!
CAPRICÓRNIO E LIBRA	Essa combinação não é das melhores. É que o par libriano pode sentir falta de atenção e mimos ao tentar seduzir Capricórnio. Precisam achar um meio-termo, valeu?
CAPRICÓRNIO E ESCORPIÃO	Apesar de os signos de Capricórnio e Escorpião serem bem opostos no jeito de ser, juntos encontram o equilíbrio, e o entrosamento dá as caras nessa combinação. Viva!
CAPRICÓRNIO E SAGITÁRIO	Podem encontrar muitas pedras no caminho quando começam a se envolver. É que, como Sagitário é o *inferno astral* de Capricórnio, vocês têm maneiras distintas de encarar a vida.
CAPRICÓRNIO E CAPRICÓRNIO	Um tem o que o que outro procura, por isso a aproximação é sinônimo de sucesso! A paquera evolui com a convivência diária e se transforma em uma união duradoura. Apostem!
CAPRICÓRNIO E AQUÁRIO	Podem rolar conflitos logo nos primeiros contatos. Como Capricórnio é o *inferno astral* de Aquário, o jeito tradicional do par capricorniano se choca com o estilo moderno do par aquariano.
CAPRICÓRNIO E PEIXES	Ao lado da pessoa de Peixes, Capricórnio encontra a tranquilidade que procura, por isso essa combinação pode evoluir para um romance sério. Invistam nesse lance, sim!

CAPRICÓRNIO E O ROMANCE

Quando a paquera está caminhando bem, você tem certeza do que sente pela outra pessoa e sabe que ela corresponde em gênero, número e grau, seu próximo passo é deixar as coisas muito claras e confirmar se estão, de fato, namorando. Aí, se a resposta for positiva, a sua postura muda completamente.

O seu jeito reservado, típico de quem tem um pé-atrás, dá espaço para alguém mais confiante, com um respeitável poder de sedução e força de vontade para manter o relacionamento em alto-astral!

Agora, quando você decide se casar, é porque chegou à conclusão de que aquela pessoa é realmente a tampa da sua panela. Você acredita que o matrimônio pode durar a vida toda, sim, e procura fazer a sua parte para garantir o futuro próspero do relacionamento. Adora conversar e se divertir com sua cara-metade, além de demonstrar disposição para trabalhar ao lado dela. Para Capricórnio, amor e trabalho podem dar as mãos e acender as luzes da realização pessoal e do sucesso profissional.

E SE CHEGAR AO FIM?

O fim do casamento abala suas estruturas. A primeira reação do seu signo é tentar consertar as coisas para evitar o rompimento. Agora, se não tem mais jeito, você assume uma postura diferente e resolve a parte prática do divórcio até colocar, enfim, um ponto final nessa história. Antes de se envolver com outro alguém, analisa bem a primeira experiência matrimonial, pois não quer errar de novo.

CAPRICÓRNIO E A INFIDELIDADE

Seu signo não costuma trair, mas, se acontecer, você alega que tem seus motivos... Porém, não passa de um episódio passageiro. Agora, se for alvo de infidelidade, pode querer passar um sermão no par, relembrando os valores do relacionamento. Se decidir terminar por conta desse episódio, vai focar no trabalho para esquecer o que aconteceu.

COMBINAÇÕES NO ROMANCE

CAPRICÓRNIO E ÁRIES	Essa relação pode enfrentar dissabores. Áries é um signo impulsivo e não tem medo de se expor. Capricórnio, que honra sua discrição, pode acabar perdendo a paciência.
CAPRICÓRNIO E TOURO	Como Touro é o *paraíso astral* de Capricórnio, o romance traz muita alegria para esses signos. Juntos, vocês conquistam um amor estável, cheio de sintonia e companheirismo.
CAPRICÓRNIO E GÊMEOS	Vocês costumam agir de maneiras distintas, o que pode acarretar problemas. Enquanto o par capricorniano gosta de segurança, Gêmeos não tem parada!
CAPRICÓRNIO E CÂNCER	Mesmo que Capricórnio e Câncer tenham jeitos diferentes de lidar com os sentimentos, a relação é nota mil. O par canceriano dedica muito carinho, enquanto Capricórnio dá segurança.
CAPRICÓRNIO E LEÃO	Brigas podem acontecer, porque Leão tem dificuldade de conviver com um par tão sério quanto Capricórnio, que, por sua vez, não costuma encher a bola do par leonino.
CAPRICÓRNIO E VIRGEM	A relação entre esses signos é uma das melhores, valeu? Capricórnio e Virgem encaram o romance com seriedade e fazem o possível para evitar atritos. São muito felizes juntos!
CAPRICÓRNIO E LIBRA	No relacionamento, Capricórnio e Libra podem esperar um entrosamento melhor. Mas o par capricorniano deve maneirar na objetividade, pois Libra gosta de sonhar.
CAPRICÓRNIO E ESCORPIÃO	Relação de muita troca. Capricórnio usa a sua calma para ajudar o par escorpiano a conter seus impulsos. Além disso, Escorpião transforma o par capricorniano em uma pessoa mais calorosa.
CAPRICÓRNIO E SAGITÁRIO	Diferentes como água e vinho, esses signos podem enfrentar embates. Sagitário quer aventura, enquanto Capricórnio é a prudência em pessoa. Não espere um mar de rosas, tá?
CAPRICÓRNIO E CAPRICÓRNIO	Esses xarás astrais se compreendem como ninguém, pois têm personalidades parecidas. Para a relação ser especial, devem colocar uma pitada extra de emoção e romantismo, ok?
CAPRICÓRNIO E AQUÁRIO	Só mesmo com bastante amor para essa relação tensa dar certo. O par de Aquário não gosta de controle, já Capricórnio quer relatórios diários do seu amor aquariano.
CAPRICÓRNIO E PEIXES	O par pisciano é sensível, generoso e cobre quem ama de afeto. Além disso, oferece segurança ao romance. Se Capricórnio retribuir na mesma medida, tudo vai fluir bem na união.

CAPRICÓRNIO E O SEXO

Entre quatro paredes e ao lado de uma pessoa que você ama e realmente confia, não há espaço para timidez ou censuras. Nesse momento, Capricórnio libera todo o seu erotismo, mostrando como sabe ser envolvente entre quatro paredes.

Em busca de realização na cama, você aperfeiçoa sua arte de amar. Com isso, seu par se surpreende a cada dia e vai ficando mais e mais apaixonado com o passar do tempo.

Porém, é claro que, para o seu signo, tudo tem limite: lugares ou aventuras perigosas não entram na sua lista de ideias para tirar as transas da rotina. Você prefere ter segurança na intimidade.

Para você, o sexo é uma experiência profundamente íntima, que não combina com improviso nem falta de privacidade. Assim, transar no carro ou aquecer os motores no escurinho do cinema não mexe nada nada com seus desejos. Você prefere um local reservado, em que possa liberar emoções e sentir todas as possibilidades do prazer.

TOQUE QUENTE

No ninho de amor, seu signo só consegue se soltar quando está em total sintonia com o par. Agora, querer impor limites a tudo e o tempo todo pode acabar azedando o clima entre os lençóis. Que tal se libertar um pouco e dar asas à sua imaginação? Não tenha medo de experimentar posições e sensações diferentes!

NO MUNDO DAS FANTASIAS

Seu signo sabe acender o tesão — em si mesmo e no seu amor —, e nuca, pernas e nádegas são as regiões do seu corpo que vibram ao toque. Você ama posições sexuais em que pode ficar no comando, pois isso agita seu sonho de poder. Vestir fantasia que inspira autoridade (exemplos: policial ou médico) é tiro, porrada e bomba! Que tal apostar nessas dicas para ter ainda mais prazer?

COMBINAÇÕES NO SEXO

CAPRICÓRNIO E ÁRIES	Para que o rala e rola seja cheio de paixão, vai depender mais do par capricorniano do que do ariano: Capricórnio deve entrar no clima de Áries e entregar de bandeja suas fantasias!
CAPRICÓRNIO E TOURO	Como os dois signos têm um jeito mais conservador, conseguem se entender bem. O temperamento sensual de Touro mexe com os sentidos de Capricórnio, que esquece a timidez.
CAPRICÓRNIO E GÊMEOS	No ninho de amor, essa combinação pode surpreender. Se a pessoa de Gêmeos souber transmitir segurança, o par de Capricórnio vai revelar todo o erotismo que possui, valeu?
CAPRICÓRNIO E CÂNCER	A atração é forte na cama, mas precisam de adaptação. É que Câncer gosta bastante de carinho e romance nas preliminares, o que não combina muito com o estilo de Capricórnio.
CAPRICÓRNIO E LEÃO	Se Capricórnio entrar no clima e valorizar o lado sedutor de Leão, pode curtir muita satisfação e pedir bis na hora H. Revelem as fantasias sexuais e o clima vai pegar fogo!
CAPRICÓRNIO E VIRGEM	Há entendimento de sobra na intimidade, porque os dois signos são reservados e têm as mesmas preferências: curtem transar em lugares seguros e sem o risco de serem flagrados.
CAPRICÓRNIO E LIBRA	Carícias caprichadas nas preliminares fazem Libra se render no rala e rola. Se Capricórnio apostar nisso e se envolver pra valer na intimidade, a transa tem tudo para ser incrível!
CAPRICÓRNIO E ESCORPIÃO	Na cama, o fogo de Escorpião contagia o par Capricórnio, que acaba se mostrando um verdadeiro vulcão. Isso garante momentos íntimos pra lá de intensos e excitantes.
CAPRICÓRNIO E SAGITÁRIO	As diferenças entre esses signos existem também na cama, mas são superadas com mais facilidade, sabia? O jeito fogoso e impetuoso de Sagitário atiça os desejos capricornianos.
CAPRICÓRNIO E CAPRICÓRNIO	Esses xarás astrais passam uma imagem discreta, mas, na intimidade, mostram todo o erotismo que possuem. São amantes ardentes e, juntos, alcançam muita satisfação!
CAPRICÓRNIO E AQUÁRIO	Os problemas podem aparecer na transa, pois Aquário adora passar horas experimentando coisas novas, enquanto Capricórnio gosta de ir direto ao ponto. Precisam se adaptar, valeu?
CAPRICÓRNIO E PEIXES	A combinação entre esses signos também é excelente entre quatro paredes. O jeito meigo e envolvente do par pisciano mexe com os sentidos de Capricórnio. Rola muita integração!

CAPRICÓRNIO E AS AMIZADES

Ganhar a amizade de alguém de Capricórnio não é fácil. Isso porque esse signo tem um jeito discreto e seleciona com cuidado quem pode fazer parte da sua vida. Prefere escolher pessoas que concordam com suas crenças e seus valores, e que também trazem ensinamentos e enriquecem suas experiências.

Quando a relação de amizade se firma, você costuma demonstrar muita lealdade e companheirismo no dia a dia, seja nos momentos de alegria ou tristeza. Para esses colegas próximos, Capricórnio revela todo o humor refinado que possui e uma capacidade singular de rir de si mesmo, o que comprova o quanto seu signo se sente livre para se enxergar por inteiro, sem disfarces.

Suas origens e as pessoas que fizeram parte do seu passado são muito importantes para você. Por isso, Capricórnio costuma preservar as tradições e as amizades verdadeiras. Aliás, seus grandes amigos geralmente são aqueles que conhece há tempos.

FELIZ ANIVERSÁRIO

Nessa data tão especial, você faz questão de reunir a família e os amigos próximos em sua própria casa, para uma reunião mais intimista. Vai passar longe de lugares agitados, cheios de gente, com música alta... Também não vai gastar rios de dinheiro em uma festa superluxuosa, afinal, economizar é muito importante pra você.

E A PEDRA NO SAPATO?

Sempre tem aquele signo que você não costuma se afinar... É seu *inferno astral:* Sagitário. Como a pessoa de Sagitário é muito animada, debochada, aventureira e independente, a amizade entre vocês pode enfrentar alguns percalços. É que você é uma pessoa mais calma, que gosta de seguir regras e detesta os excessos. Vão precisar de jogo de cintura...

COMBINAÇÕES NAS AMIZADES

CAPRICÓRNIO E ÁRIES	O convívio entre os amigos de Capricórnio e Áries é marcado por altos e baixos. Se Capricórnio for menos resistente, a amizade pode florescer e se firmar. Senão, pode entornar!
CAPRICÓRNIO E TOURO	A conexão Capricórnio e Touro pode demorar um pouco para acontecer. Mas, depois que a amizade brota entre esses signos, a relação é pra vida toda, valeu?
CAPRICÓRNIO E GÊMEOS	Para a parceria entre vocês dar certo, o amigo capricorniano precisa praticar o desapego no dia a dia, além de ter disposição para conviver com a animada galera de Gêmeos.
CAPRICÓRNIO E CÂNCER	O encontro entre esses signos promete! Isso porque o amigo de Capricórnio demonstra sua lealdade e o colega de Câncer retribui com uma amizade carinhosa, sincera e duradoura.
CAPRICÓRNIO E LEÃO	O amigo de Leão esbanja carisma e é sociável, mas também orgulhoso. Por isso, as exigências de Capricórnio nem sempre agradam o amigo leonino. Precisam ceder, ok?
CAPRICÓRNIO E VIRGEM	A parceria entre esses signos é protegida pelas estrelas! Capricórnio e Virgem sempre descobrem pontos em comum e, com isso, os laços de amizade se fortalecem com o tempo.
CAPRICÓRNIO E LIBRA	Capricórnio e Libra têm jeitos diferentes e, por isso pode rolar uma certa rivalidade no convívio. Mas, se ambos os signos tiverem boa vontade, essa relação fraterna pode se firmar.
CAPRICÓRNIO E ESCORPIÃO	A camaradagem entre esses dois signos é dez! Escorpião é um grande aliado na vida do amigo capricorniano e, como ambos são honestos e leais, selam juntos uma parceria firme e forte.
CAPRICÓRNIO E SAGITÁRIO	Como Sagitário é o *inferno astral* de Capricórnio, a amizade entre esses dois signos não é fácil. É que o jeito aventureiro do amigo sagitariano não inspira confiança em Capricórnio.
CAPRICÓRNIO E CAPRICÓRNIO	Como esses xarás astrais são muito reservados, demoram para se abrir. Mas, quando isso acontece, os amigos de Capricórnio cultivam uma relação de respeito e afeição.
CAPRICÓRNIO E AQUÁRIO	Essa amizade pode enfrentar atritos e discussões. Ainda assim, se Capricórnio quiser Aquário como amigo, vai ter que esquecer horários, regras e cobranças para dar certo, ok?
CAPRICÓRNIO E PEIXES	Essa dupla é show de bola! O amigo de Peixes é bastante atencioso, carinhoso e adora ouvir os conselhos do amigo de Capricórnio. Ótimas vibrações na convivência!

CAPRICÓRNIO E O TRABALHO

O trabalho é seu *habitat*, é onde você se sente totalmente à vontade para expressar as características mais determinantes da sua personalidade: a prudência, a maturidade e a disciplina. O objetivo do seu signo é assumir posição de comando e ganhar um salário considerável, do qual se julga um legítimo merecedor. Competente e responsável, você é um exemplo de bom comportamento no ambiente profissional. Realiza as suas tarefas com capricho e empenho, está sempre querendo se aperfeiçoar e crescer na carreira, além de ser extremamente pontual.

Ficar de papo com os colegas na hora do expediente? Nem pensar! A sua natureza prática e dinâmica não permitiria um deslize desse tipo, pois Capricórnio considera o universo profissional quase sagrado! Você leva a sério os seus compromissos e vive em busca de melhores resultados no trabalho. Em geral, começa jovem no primeiro emprego e sente muito orgulho de suas conquistas materiais.

RELAÇÃO COM DINHEIRO

Você valoriza a fama, a realização pessoal com sua profissão e o dinheiro também. É capaz de encarar os maiores sacrifícios em um trabalho se tiver a perspectiva de melhorias para o seu bolso. É que, para o seu signo, o sucesso está ligado a um saldo bancário bem longe do vermelho. Isso porque o dinheiro oferece a segurança de que você precisa: se houver uma emergência, terá condições de agir logo!

PROFISSÕES INDICADAS

Cargos de chefia têm tudo a ver com o seu signo, uma vez que você é bastante responsável, e tem perfil de líder. Pode também se dar bem trabalhando com finanças, administração, política, departamentos pessoal e contábil, além de atividades ligadas à terra. Você costuma ter sucesso em setores que exigem atenção, disciplina e poder de comando.

COMBINAÇÕES NO TRABALHO

CAPRICÓRNIO E ÁRIES	A relação profissional entre esses dois signos promete ser um sucesso! Com o dinamismo do colega de Áries e a força de vontade de Capricórnio, os dois vão longe juntos!
CAPRICÓRNIO E TOURO	Como são perseverantes, vocês dão um banho de eficiência e dedicação no trabalho. Touro tem tanta responsabilidade quanto Capricórnio, por isso as chances de êxito aumentam.
CAPRICÓRNIO E GÊMEOS	O astral nessa parceria é um dos mais estimulantes, valeu? O colega de Gêmeos é versátil, esperto e sempre tem ótimas ideias. Ao lado de Capricórnio, mostra-se muito prestativo.
CAPRICÓRNIO E CÂNCER	O colega canceriano atende aos anseios de Capricórnio e se dedica nas tarefas. Mas, como Câncer é sensível, qualquer crítica ou palavra dura pode ser levada para o lado pessoal.
CAPRICÓRNIO E LEÃO	Como Capricórnio tem um jeito batalhador e ambicioso, Leão se sente inspirado. Até há risco de atritos, mas, se não interferirem demais nas tarefas um do outro, dá jogo, ok?
CAPRICÓRNIO E VIRGEM	Essa parceria promete ser boa. O colega virginiano se joga no trabalho, assim como Capricórnio. Além disso, o parceiro de Virgem é metódico, exigente e adora cooperar no serviço.
CAPRICÓRNIO E LIBRA	Com o apoio de Libra, Capricórnio consegue alcançar metas ambiciosas. Para o serviço render, o colega capricorniano deve dar espaço para Libra mostrar sua criatividade.
CAPRICÓRNIO E ESCORPIÃO	Dupla de sucesso! Escorpião mergulha nos interesses capricornianos e enfrenta os desafios com determinação. Juntos, não vão abandonar nenhum projeto, por mais difícil que seja.
CAPRICÓRNIO E SAGITÁRIO	Capricórnio é um exemplo de dedicação e Sagitário é um signo empreendedor, mas a parceria pode enfrentar altos e baixos. O colega sagitariano não gosta de dar muitas satisfações, sabe?
CAPRICÓRNIO E CAPRICÓRNIO	Essa parceria profissional é nota dez! Esses xarás astrais formam uma dupla responsável, determinada e afinada. Juntos, têm tudo para brilhar e podem concretizar grandes sonhos.
CAPRICÓRNIO E AQUÁRIO	Aquário é criativo e original, mas também imprevisível, o que acaba não oferecendo tanta estabilidade para Capricórnio. Mas, com boa vontade e disposição, podem fazer funcionar!
CAPRICÓRNIO E PEIXES	Capricórnio pode contar com a ajuda de Peixes na carreira, mas tem que ser tolerante com os devaneios piscianos. A imaginação fértil de Peixes pode ser uma grande aliada!

AQUÁRIO

21/01 – 19/02

AQUÁRIO, VOCÊ É ASSIM...

Você vê o mundo e as pessoas de maneira bastante racional, sem deixar que os sentimentos interfiram na sua avaliação. Tem sempre uma opinião formada sobre a sociedade em geral e defende as suas convicções até o fim, por mais originais ou excêntricas que elas sejam. Por causa dessa postura, esse signo pode ser visto como um rebelde. Na verdade, não tem medo de contestar regras e propor novas soluções, sempre lutando por ideias capazes de transformar o mundo!

5 PONTOS POSITIVOS	5 PONTOS NEGATIVOS
1. É supercriativo.	**1.** Um tanto distraído.
2. Original como ninguém.	**2.** Teimoso também.
3. De olho no futuro.	**3.** Rebeldia dá as caras.
4. Muito inteligente.	**4.** É inconstante.
5. Tem um jeito arrojado.	**5.** Deixa coisas inacabadas.

FRASE DIVERTIDA DO SIGNO

"Já respondo sua mensagem! Espera só uns 7 meses!"

A PERSONALIDADE DE AQUÁRIO

Provavelmente, você já teve a sensação de ser uma pessoa incompreendida pelas outras. Você quer uma coisa, elas esperam que faça outra; você sonha alto, elas querem que trace planos realistas; você gosta de ser diferente; elas não entendem por que; e por aí vai... É que o seu signo está à frente de seu tempo: sua mente é bastante ágil e você se preocupa mais com o bem-estar da sociedade como um todo do que com a sua vida pessoal.

O motivo: Aquário, definitivamente, pensa fora da caixa! Você enxerga lá na frente, planeja reformar o mundo, quer transformar todas as crenças e renovar a mente das pessoas. Não há um signo mais inventivo e visionário do que o seu. Ao seu lado, há duas armas importantes: a tecnologia (que é a sua paixão!) e seu poderoso radar interno, que lhe indica a hora de virar a mesa.

Mas o que impulsiona seu espírito no dia a dia? A possibilidade de implantar o novo, seja no serviço ou na vida comunitária. Por isso, é comum encontrar aquarianos envolvidos em trabalhos humanitários ou ajudando o próximo de alguma maneira. Tudo para viver em um planeta melhor.

Seu signo pertence ao elemento Ar, o que reforça sua rapidez de pensamento e a facilidade com que você se adapta ao que é novo.

A INFLUÊNCIA DE URANO E A SUA MISSÃO

Seu espírito contestador e sua paixão por novidades são resultados da influência de Urano, o seu planeta regente, que simboliza tudo o que é moderno e revolucionário.

Não é à toa que você vive surpreendendo os outros com atitudes nada convencionais e observações espontâneas. Urano também estimula a sua originalidade. Porém, Aquário precisa aprender a aceitar melhor as situações que não pode mudar.

Seu signo tem uma missão muito importante em sua trajetória: mostrar às pessoas como é importante ter uma mente aberta. Por isso, deve incentivar cada um a aceitar o novo, o diferente, a não temer mudanças e, com isso, vencer qualquer tipo de preconceito ou visão ultrapassada.

RESUMINDO...

- **Palavra de ordem:** originalidade
- **Alegra seu coração:** celular novo
- **Tira você do sério:** gente preconceituosa
- **É muito importante:** pensar nas coisas de um outro jeito
- **Não é fácil, mas é preciso:** controlar um pouco a rebeldia
- **Não existe, mas bem que poderia:** máquina do tempo

AQUÁRIO E A PAQUERA

Nem sempre você consegue lidar bem com suas emoções, pois seu signo é mais racional e pode se mostrar até um pouco frio, distante e, às vezes, indiferente. Por isso, é vital se sentir bem com a pessoa que está de olho: vocês precisam ser parecidos e revelar afinidade intelectual.

Ter ao seu lado alguém carinhoso ou que viva fazendo declarações de amor é o que menos importa. O que você mais quer é poder conversar com seu alvo sobre diversos assuntos.

Então, na conquista, a primeira coisa em que você repara é na sintonia. Você não dá muita importância para a aparência, porque acredita que o que vale mesmo é a pessoa ter um papo legal, ser divertida e uma companhia agradável. Assim, é comum seu signo paquerar alguém que já conhece ou que, pelo menos, tenha conversado um pouco. Gente que pensa fora da caixa atrai você como um ímã!

MENTE ABERTA

Seu alvo tem uma visão liberal do mundo como você? É uma pessoa aberta a experiências novas? Isso importa muito! Agora, quem quiser laçar seu amor deve tomar cuidado para não soltar um comentário preconceituoso ou mostrar que tem ideias antiquadas, porque isso afasta qualquer chance de envolvimento, já que você abomina esse tipo de comportamento.

QUEM FATURA O CORAÇÃO DE AQUÁRIO?

Uma pessoa animada e criativa pode balançar seu coração, mas, para ganhá-lo de vez, as atitudes dela é que vão definir o romance. Fazer cenas de ciúme? Ponto negativo. Respeitar sua privacidade? Ponto positivo. Ter seus próprios ideais? Ponto positivo. Vigiar seus passos? Ponto negativo. Seu signo busca alguém que acredite na importância da liberdade e saiba respeitar o espaço do outro.

COMBINAÇÕES NA PAQUERA

AQUÁRIO E ÁRIES	Áries tem um jeito mandão e impulsivo, já Aquário é inconstante. Se passarem por cima dessas diferenças, a paquera promete dar certo, já que a paixão é intensa entre esses signos.
AQUÁRIO E TOURO	Como têm maneiras distintas de encarar a vida, pode ser que a aproximação não role de maneira tão fácil. Vão precisar de muito amor e calma para o lance vingar.
AQUÁRIO E GÊMEOS	Gêmeos é o *paraíso astral* de Aquário e essa combinação tem tudo pra ser maravilhosa logo na conquista. Esses signos amam a liberdade e encaram uma aventura a qualquer hora!
AQUÁRIO E CÂNCER	O par de Câncer sabe como despertar o interesse do par aquariano, sendo meio caminho andado para a paquera. Mas, com o passar do tempo, problemas podem aparecer.
AQUÁRIO E LEÃO	O jeito sociável e descontraído de Aquário cativa o par de Leão, que passa a esbanjar charme e simpatia. Apesar de serem um pouco diferentes, podem se completar. Podem ir fundo, ok?
AQUÁRIO E VIRGEM	Virgem é um signo que quer compromisso firme logo de cara, por isso não se afina com o jeito livre e solto de ser de Aquário. Precisam de jogo de cintura para esse encontro virar!
AQUÁRIO E LIBRA	Aquário é o *paraíso astral* de Libra e a combinação recebe o aval dos astros. Esses signos têm muito em comum e o par libriano costuma se encantar pelo estilo original de Aquário.
AQUÁRIO E ESCORPIÃO	A atração promete marcar os primeiros contatos entre esses signos, mas, com o passar do tempo, as cobranças do par de Escorpião podem acabar esfriando o ânimo de Aquário.
AQUÁRIO E SAGITÁRIO	Vocês têm tudo para se entender bem na paquera. É que esses signos acreditam que a espontaneidade e o companheirismo devem comandar uma relação amorosa.
AQUÁRIO E CAPRICÓRNIO	Além de representar o *inferno astral* de Aquário, o par de Capricórnio considera Aquário avoado demais. Por isso, a aproximação na paquera pode ser meio complicada.
AQUÁRIO E AQUÁRIO	Há sintonia de corpo e mente entre esses xarás astrais, o que pode garantir que o jogo da sedução seja um sucesso do começo ao fim. Apostem nas afinidades entre vocês!
AQUÁRIO E PEIXES	O fato de Aquário ser o *inferno astral* de Peixes pode pesar um pouco. Vão precisar desviar das tempestades para que possam se conhecer melhor e entender o jeito um do outro.

AQUÁRIO E O ROMANCE

Ainda que adore uma aventura, você se sente muito bem quando está ao lado de alguém especial. Mas, até que decida se amarrar, vai um bom tempo, porque precisa perceber que há uma conexão total com a pessoa amada. Só que seu par não pode esperar que você aja sempre de maneira igual ou que tenha reações idênticas em circunstâncias parecidas.

É que o seu signo é imprevisível! Mas papos gostosos fazem parte do cardápio no namoro, assim como transas fora de hora e celebrações inusitadas, nada convencionais.

Se o assunto é casamento, o seu signo pode se dar muito bem quando encontra uma pessoa com quem compartilha dos seus pontos de vista. Por exemplo, você acredita que um casal deve estar junto não só na alegria e na tristeza, mas também nas tarefas práticas do dia a dia: nos afazeres domésticos, na criação dos filhos e no sustento da casa. Para você, não existe aquela história de que cada um cuida de determinada coisa. É uma visão bem moderna de romance!

E SE CHEGAR AO FIM?

O casamento chegou ao fim? Nessa hora, você tende a lidar objetivamente com a situação. Claro que se aborrece, mas administra o rompimento com a razão, e não com a emoção. Depois de acertar a parte burocrática (uma obrigação que o seu signo considera bem chata, viu?), seu próximo passo é conhecer gente nova e, com certeza, esbarrar em um novo amor!

AQUÁRIO E A INFIDELIDADE

Aquário pode se apegar e se apaixonar em questão de segundos, por isso uma traição por parte desse signo não está descartada. Mas, como valoriza muito a sinceridade, não é raro abrir o jogo para o par sobre o que fez. Já quando a traição pega seu signo de surpresa, vai sofrer e pode até entrar em uma discussão. Mas, logo as coisas se acalmam.

COMBINAÇÕES NO ROMANCE

AQUÁRIO E ÁRIES	Romance positivo. Áries adora novidades, assim como Aquário, e isso faz com que esses signos se deem bem. Além disso, o par ariano se encanta com a originalidade aquariana.
AQUÁRIO E TOURO	Touro é um signo superprático e que gosta de controlar cada passo da pessoa amada; já Aquário não suporta receber cobranças. Precisam se adaptar para que o lance vá pra frente.
AQUÁRIO E GÊMEOS	Como vocês pertencem ao elemento Ar, entendem-se superbem e vivem um romance recheado de sintonia. Adoram a companhia um do outro e batem altos papos no dia a dia!
AQUÁRIO E CÂNCER	Câncer se doa ao relacionamento, mas quer bastante carinho e atenção, o que pode acabar sufocando o par de Aquário. Concessões são necessárias para que a união vingue, ok?
AQUÁRIO E LEÃO	A felicidade faz parte dessa relação amorosa, porque um signo completa o outro diariamente. O jeito comunicativo de Aquário anima o par leonino. Dobradinha legal!
AQUÁRIO E VIRGEM	Paixão sujeita a várias complicações, porque um não consegue entender o jeito do outro. Para Aquário, a liberdade vem em primeiro lugar, mas Virgem valoriza a seriedade.
AQUÁRIO E LIBRA	Combinação nota dez! Os momentos a dois são recheados de alegria e a rotina passa bem longe dessa relação. Libra oferece muito carinho e Aquário garante criatividade a dois.
AQUÁRIO E ESCORPIÃO	Os problemas costumam marcar esse romance. É que Aquário não consegue se adaptar ao estilo controlador de Escorpião, que tem necessidade de estar no comando sempre!
AQUÁRIO E SAGITÁRIO	Nenhum dia é igual ao outro nessa união, já que esses signos fazem de tudo pra espantar a rotina. Adoram novidades e se dão muito bem. Aventuras fazem parte do cardápio.
AQUÁRIO E CAPRICÓRNIO	As coisas não são muito fáceis para esse relacionamento. Aquário e Capricórnio têm temperamentos distintos, o que pode acabar dificultando bastante o entendimento no dia a dia.
AQUÁRIO E AQUÁRIO	Como adoram trocar altas ideias, são companhias perfeitas um para o outro. O amor pode se revelar através da descoberta de afinidades. Além disso, têm paixão por novidades!
AQUÁRIO E PEIXES	Peixes é paciente e exala romantismo, mas também é do tipo carente. Por sua vez, o par aquariano é imprevisível e pouco romântico. Um pode acabar estranhando o estilo do outro.

AQUÁRIO E O SEXO

Experimentar, testar e inovar: esses são os seus lemas quando se trata da intimidade. Para você, o sexo precisa de movimento, criatividade e renovação. E imaginação e ousadia para colocar isso em prática, você tem de montão!

Você acredita que, quando o casal está de acordo, não deve haver limites para o prazer. Aliás, também acha que não pode existir hora certa para transar, porque o melhor é se entregar à pessoa amada no momento em que surge a vontade. Reprimir desejos ou se prender a ideias moralistas não faz a sua cabeça.

Além de não gostar de excesso de regras na hora H, você não curte receber críticas também. Mas é preciso ter mais diplomacia na intimidade para que você e o par estabeleçam uma sintonia, ok? O convívio pode ajudar a encaixar as coisas no rala e rola, além, é claro, da sua poderosa intuição!

TOQUE QUENTE

Como seu signo é mente aberta e tem uma vontade insaciável, isso faz com que você se entregue sempre que dá vontade, sem se importar com a hora ou o lugar. A dica é domar os desejos porque, quando o assunto é sexo, é bom respeitar algumas regras sociais: não vale na praça, com o pessoal olhando... Orelhas, pescoço e barriga são as regiões mais sensíveis do seu corpo. Por isso, receber carícias nessas partes faz seu tesão explodir!

NO MUNDO DAS FANTASIAS

Sexo bom, para você, é sinônimo de improviso. A naturalidade não pode faltar, assim como a vontade de saborear experiências novas. Testar posições diferentes faz parte das suas expectativas! Fazer amor no quintal ou até no banheiro da casa de um amigo pode ser excitante para seu signo. É que transar em lugares imprevisíveis é uma de suas maiores fantasias.

COMBINAÇÕES NO SEXO

AQUÁRIO E ÁRIES	O par ariano é fogoso e cheio de energia para amar, mas gosta de ir direto ao ponto. Se Aquário souber aliar suas boas sacadas com o pique de Áries, os momentos serão inesquecíveis.
AQUÁRIO E TOURO	A atração física é forte entre esses signos, porém as diferenças podem pesar. Enquanto Touro tem um apetite insaciável, Aquário valoriza mais a qualidade do que a quantidade.
AQUÁRIO E GÊMEOS	O rala e rola promete pegar fogo entre esses dois signos, valeu? Gêmeos é muito criativo e adora experimentar novidades, o que combina em cheio com as preferências de Aquário.
AQUÁRIO E CÂNCER	Rola uma forte atração entre esses signos. Mas a pessoa de Aquário quer criatividade nas transas, enquanto Câncer não é de sair muito da rotina. Conflitos não estão descartados.
AQUÁRIO E LEÃO	Preparem-se para momentos intensos, tá? Leão é um signo caloroso e não se contenta só com rapidinhas. Aquário vai precisar de fôlego pra acompanhar a disposição do par leonino.
AQUÁRIO E VIRGEM	Vocês têm ritmos diferentes: Aquário defende o improviso e adora novidades na cama, enquanto Virgem é mais conservador. Precisam ajustar o ritmo pra dar certo, ok?
AQUÁRIO E LIBRA	Não há espaço pra egoísmo nessa combinação, porque vocês esperam que um se sinta tão satisfeito quanto o outro. Invistam em carícias, brincadeiras e inovações!
AQUÁRIO E ESCORPIÃO	Na cama, parece que um signo foi feito para o outro. Escorpião tem muito pique e Aquário pode surpreender com seu arsenal de novidades. Transa cheia de desejos intensos!
AQUÁRIO E SAGITÁRIO	Sagitário se excita com as fantasias do par aquariano e emoção não falta entre quatro paredes. Juntos, apostam em novas ideias e transformam cada transa em uma gostosa descoberta.
AQUÁRIO E CAPRICÓRNIO	Nem tudo são flores na intimidade entre vocês. Conversas podem até ajudar, mas o par de Capricórnio pode ter dificuldade de se adaptar ao estilo sem censura de Aquário.
AQUÁRIO E AQUÁRIO	Só mesmo um par de Aquário pra entender as fantasias aquarianas. É que esses xarás astrais são descontraídos, falam do que gostam no rala e rola e deixam a imaginação fluir.
AQUÁRIO E PEIXES	Na cama, as diferenças perdem o impacto nessa combinação. É que as inspirações ousadas de Aquário estimulam o par de Peixes, que se entrega às fantasias e se envolve pra valer.

AQUÁRIO E AS AMIZADES

Ao longo da vida, você conhece muita gente, mas conta nos dedos seus verdadeiros amigos. E isso acontece porque o desejo de liberdade do seu signo grita cada vez que se sente sufocado por conversas parecidas, assuntos convencionais demais ou programas repetitivos. Seu desconforto é tão grande que você se afasta e sai em busca de novas companhias.

Você adora conversar sobre os mais variados assuntos, porém dificilmente muda de opinião: ouve o que os outros têm a dizer e respeita, mas, quando tentam fazer com que mude de ideia, mostra toda a sua convicção. Outra coisa importante: Aquário não gosta de amigos grudentos. Esse signo precisa de espaço para respirar.

Há uma vantagem maravilhosa em ter um colega aquariano: esse signo jamais vai tentar mudar a personalidade de alguém. Essa capacidade de respeitar o próximo é fascinante! Mas só funciona em mão dupla: da mesma forma que entende a natureza dos outros, você exige que aceitem a sua. Quando isso não acontece, sua tendência é partir para outra galera...

FELIZ ANIVERSÁRIO

Como seu signo é superalegre e adora estar juntinho das pessoas queridas, o dia do aniversário é a oportunidade perfeita para reunir toda a turma e sair para uma balada, festa, ou qualquer outro lugar regado a muita diversão, música e animação. Só não vale deixar a data passar em branco, valeu?

E A PEDRA NO SAPATO?

Agora, se tem um signo que você não topa muito é Capricórnio. É que o jeito conservador dele vai de encontro ao seu estilo moderno, original e diferentão. Além disso, ele faz questão de respeitar regras, o que você não curte muito... Para fazer essa parceria entrar na sua lista de amizades duradouras, vão precisar ajustar os ponteiros (mas não é fácil!).

COMBINAÇÕES NAS AMIZADES

AQUÁRIO E ÁRIES	Essa é a melhor combinação para o signo de Aquário no quesito amizade. Mil papos, agitos e alegrias estão garantidos ao lado do colega de Áries. A parceria promete ser nota dez!
AQUÁRIO E TOURO	Touro costuma ser um signo de poucos amigos. Como é exigente e faz muitas cobranças, pode tirar o colega aquariano do sério. Precisam de tolerância pra fazer funcionar.
AQUÁRIO E GÊMEOS	Essa amizade é show! Além do colega de Gêmeos compreender Aquário como poucos, rolam muita sintonia e entrosamento nesse convívio. É uma dupla que tem tudo pra vingar!
AQUÁRIO E CÂNCER	Essa amizade precisa de uns acertos pra se tornar forte e duradoura. É que Câncer busca relações com bastante afeto, já Aquário prefere bons papos e menos apego emocional.
AQUÁRIO E LEÃO	Os encontros entre vocês são animados e o colega de Leão sabe como alegrar o ambiente. Mas Leão adora estar no centro das atenções, então, Aquário precisa se adaptar.
AQUÁRIO E VIRGEM	Esses dois signos têm personalidades bastante diferentes, por isso atritos podem acontecer no dia a dia. Mas, se apostarem em bons papos, podem se relacionar bem.
AQUÁRIO E LIBRA	Dobradinha excelente! Libra tem o dom de ampliar os horizontes do amigo de Aquário e avivar suas esperanças. Os dois têm tudo pra passar ótimos momentos juntos, valeu?
AQUÁRIO E ESCORPIÃO	O amigo de Escorpião é sincero e escolhe a dedo suas companhias, mas as amizades que cultiva são pra vida toda. Por isso, Aquário deve dar bastante valor pra essa parceria.
AQUÁRIO E SAGITÁRIO	Essa dupla é um sucesso! Aquário adora o jeito livre e divertido de Sagitário e, ao lado desse colega, sente mais vontade de abrir o coração e curtir a vida.
AQUÁRIO E CAPRICÓRNIO	Como vocês têm estilos de vida opostos, podem demorar até desenvolver uma relação fraternal. Mas, se tiverem diplomacia e disposição, a amizade pode dar certo.
AQUÁRIO E AQUÁRIO	A amizade é a área de maior destaque na combinação entre esses xarás astrais. Se derem valor a esse precioso vínculo, o convívio deve bombar, valeu?
AQUÁRIO E PEIXES	Aquário é um signo muito sociável e logo conquista as atenções do colega de Peixes. Mas a amizade pede renúncias. Os dois precisam ser pacientes para tudo ficar numa boa!

AQUÁRIO E O TRABALHO

Um serviço que exija o cumprimento de muitas regras e horários fixos não combina com você, porque seu signo tem pavor de se sentir preso. Por isso, é comum trocar várias vezes de emprego, sempre em busca de novas motivações. Sua criatividade e sua visão de futuro contribuem para que você tenha sacadas incríveis na profissão, que trazem excelentes resultados.

Soluções inteligentes são a principal contribuição profissional do seu signo. Além disso, você sabe farejar chances de crescer, pois sua intuição é afiada e você ama experimentar estratégias que lhe permitam identificar oportunidades.

Talvez, seu grande desafio no mundo corporativo seja controlar sua inconstância. Embora idealize projetos incríveis, você costuma deixá-los de escanteio quando os detalhes inerentes à concretização se alongam demais ou envolvem dificuldades. Uma boa dica é contar com um colega de espírito prático para resolver os enroscos — que tal?

RELAÇÃO COM DINHEIRO

Para o seu signo, uma boa situação financeira é importante apenas quando garante a sua independência. Você acredita que de nada adianta acumular muito dinheiro se não sobrar tempo para aproveitar a vida ou for preciso se trancar em casa. Luxo e objetos caros não importam para o seu signo, que gosta de coisas belas e modernas, mas se contenta apenas em admirá-las, sem ter necessidade de comprá-las.

PROFISSÕES INDICADAS

Os ramos de informática, eletrônica e internet têm muito a ver com o seu signo, pois permitem o contato com novas tecnologias — vagas em startups são ótimas opções! Pode curtir trabalhos ligados a ecologia, robótica, homeopatia, ciências, artes, Astrologia e terapias alternativas. Você também pode se realizar atuando em sindicatos, entidades sociais e ONGs.

COMBINAÇÕES NO TRABALHO

AQUÁRIO E ÁRIES	Essa parceria tem tudo pra dar certo no ambiente profissional. Áries tem dinamismo de sobra, enquanto Aquário contribui com sugestões cheias de originalidade.
AQUÁRIO E TOURO	O ritmo desses signos pode até ser diferente, mas a relação no trabalho tem tudo pra ser um sucesso. O colega de Touro é determinado e ajuda Aquário a dar conta das atividades.
AQUÁRIO E GÊMEOS	Aquário e Gêmeos podem formar uma parceria produtiva. São inteligentes, curiosos e atentos ao que acontece no mundo, mas se distraem com facilidade.
AQUÁRIO E CÂNCER	Para trabalhar em harmonia, precisam encontrar afinidades. É que o colega de Câncer pode levar um tempo para se acostumar ao estilo aquariano avesso às regras.
AQUÁRIO E LEÃO	Essa dupla é supertalentosa! Com a força do colega leonino, fica mais fácil para Aquário tirar seus projetos do papel. Não faltam entusiasmo nem fé no futuro!
AQUÁRIO E VIRGEM	Virgem é prestativo, disciplinado, perfeccionista e solidário. Por isso, Aquário deve contar com a força do colega virginiano para não deixar nenhuma tarefa sem conclusão.
AQUÁRIO E LIBRA	Não faltam sintonia e criatividade entre vocês. Aquário pode contar com o colega de Libra para criar um clima de camaradagem, mas vocês devem maneirar nas distrações.
AQUÁRIO E ESCORPIÃO	O estilo autoritário do colega de Escorpião não bate com o de Aquário. Para se acertarem, o colega aquariano precisa adotar atitudes transparentes e não ficar de muita conversa.
AQUÁRIO E SAGITÁRIO	Independência e originalidade marcam essa dupla. Ao lado do colega de Sagitário, Aquário se sente à vontade para fazer planos. Só não podem deixar as obrigações para depois.
AQUÁRIO E CAPRICÓRNIO	O colega de Capricórnio é organizado, gosta de regras e não é de perder tempo. Já Aquário tem a mente mais aberta e leva as coisas no improviso. Precisam se ajustar, viu?
AQUÁRIO E AQUÁRIO	Vocês são idealistas, originais e adoram trabalhar juntos. Formam uma parceria promissora, mas precisam de autonomia, já que não toleram rotinas.
AQUÁRIO E PEIXES	Cada um tem seu jeito de agir, mas a criatividade e o espírito de cooperação desses signos são parecidos. Quanto mais camaradagem e solidariedade houver, mais a relação vai fluir.

PEIXES

20/02 – 20/03

PEIXES, VOCÊ É ASSIM...

Seu signo é um sonhador, do tipo que acredita não só no que vê como também no que não pode enxergar. Por ser uma pessoa de bastante fé, tem uma energia interior enorme. Peixes revela comportamentos variados, que podem ir de um extremo ao outro, pois o temperamento desse signo é como a água: está em constante movimento. Quando o assunto é compaixão, ninguém ganha de você, que sabe amar incondicionalmente e compreende como poucos a sensibilidade humana.

5 PONTOS POSITIVOS

1. É supersensível.
2. Dono de um coração amoroso.
3. Tem imaginação fértil.
4. Romantismo para dar e vender.
5. Humildade sempre presente.

5 PONTOS NEGATIVOS

1. Quebra a cara, às vezes.
2. Tão distraído!
3. Indecisão, vira e mexe, aparece.
4. Abaixa demais a cabeça.
5. Gosta de fazer drama.

FRASE DIVERTIDA DO SIGNO

"Viu, qual é o seu nome mesmo?"

A PERSONALIDADE DE PEIXES

Depois de um dia inteiro de trabalho, você chega em casa e, quando finalmente vai descansar, uma pessoa querida telefona pedindo uma força porque está enfrentando um problema cabeludo. E aí: você diz que no dia seguinte terá o maior prazer em ajudar ou tira o pijama na hora e vai para a casa dela? É quase certo que você ficou com a segunda opção. Isso porque o seu signo é solícito e jamais teria coragem de negar auxílio.

A Água, seu elemento regente, é que molda o seu coração. Por isso, seus sentimentos são tão intensos! Isso aumenta sua generosidade, solidariedade e afeto. Além disso, você consegue decifrar a alma humana como ninguém. O problema é quando essa atitude passa dos limites: quer tanto colaborar que começa a se achar uma espécie de "salvador da pátria". Outras vezes, pode se fazer de vítima, pois suas emoções são repletas de altos e baixos. É importante ter cuidado para não fantasiar demais a realidade, viu?

Tudo o que envolve mistério chama sua atenção e você consegue desvendar o enigma, afinal, sexto sentido e inteligência não lhe faltam. Seu signo também tem um sensor interno capaz de avaliar o astral dos ambientes. Se eles estiverem carregados, não é incomum você sentir tontura ou enjoo.

A INFLUÊNCIA DE NETUNO E A SUA MISSÃO

Seu jeito sensível, criativo, e sua aptidão para as artes são consequências da influência do seu planeta regente, Netuno. Esse astro alimenta a sua imaginação, por isso você vive no limite entre a fantasia e a realidade. Além disso, o astro acentua sua intuição, razão pela qual o seu signo percebe facilmente o que se passa com as pessoas ao seu redor, e permite a você expandir sua poderosa espiritualidade.

Seu signo tem uma missão muito especial: mostrar aos outros como é bom ajudar o próximo. Participe de um trabalho voluntário e incentive as pessoas a fazerem o mesmo. Também ensine a elas que a melhor recompensa é a gratidão sincera, e que o mundo espiritual não é menos real só por ser invisível.

RESUMINDO...

- **Palavra de ordem:** sensibilidade
- **Alegra seu coração:** observar um pôr do sol na praia
- **Tira você do sério:** gente agressiva
- **É muito importante:** ser fiel aos próprios sentimentos
- **Não é fácil, mas é preciso:** aprender com as desilusões
- **Não existe, mas bem que poderia:** Whatsapp do anjo da guarda

PEIXES E A PAQUERA

Dificilmente existe algo mais urgente para o seu signo do que os assuntos do coração. Você tem necessidade de amar e de receber afeto, pois só assim encontra sua verdadeira felicidade. Após identificar o seu alvo, não parte para cima dele com toda a sua munição romântica. Primeiro, prefere ficar na moita, espiando, e só depois começa a jogar charme de longe.

Assim que acontece uma aproximação, você revela todo o seu encanto e poder de sedução, o que vai deixando a outra pessoa completamente sem defesa. Então, na hora certa e com algumas colheradas de sutileza, conquista seu par! Geralmente, você espera que a paquera evolua para um relacionamento sério.

Um de seus maiores trunfos na conquista é o seu beijo, que é considerado o mais romântico do Zodíaco. Ele começa tímido, vai ganhando força e calor, e é tão envolvente que a pessoa amada sente como se suas forças estivessem sumindo, até cair de vez na sua doce armadilha!

CORAÇÃO ACELERADO

Se tem uma coisa que seu signo não lida muito bem é com a solteirice. Quando passa por essa fase, costuma se sentir infeliz. É que, como Peixes é idealista e bastante romântico, está sempre em busca do seu par perfeito. Vive sonhando com sua alma gêmea e, por isso demonstra a maior expectativa e um grande entusiasmo quando se interessa por alguém. De vez em quando, você quebra a cara e sofre muito.

QUEM FATURA O CORAÇÃO DE PEIXES?

Para garantir sua felicidade, a pessoa, em primeiro lugar, precisa adorar a sua companhia e desejar fazer tudo ao seu lado. Ela também deve ser romântica, carinhosa e aceitar a sonhadora personalidade pisciana. Alguém muito independente, que não gosta de ficar o tempo todo juntinho do par ou se sinta sufocado com isso, não é nem de longe a sua alma gêmea.

COMBINAÇÕES NA PAQUERA

PEIXES E ÁRIES	Vocês se sentem atraídos um pelo outro, o que pode favorecer uma aproximação na conquista. Mas o jeito sensível de Peixes pode conflitar com a falta de tato de Áries.
PEIXES E TOURO	A meiguice e o estilo carinhoso de Peixes encantam a pessoa de Touro, mas esse par é ciumento e faz exigências. É necessário colocar os pingos nos "is" para o lance evoluir.
PEIXES E GÊMEOS	Gêmeos é capaz de despertar o interesse de Peixes, mas, como é um signo inconstante e não costuma se apegar, pode deixar o coração pisciano inseguro. Precisam fazer ajustes.
PEIXES E CÂNCER	Essa combinação é bastante promissora! Peixes e Câncer são signos que se entendem e se completam, por isso o entrosamento pode ser total logo nos primeiros encontros, valeu?
PEIXES E LEÃO	No começo da aproximação, até pode ser que o par de Peixes entenda a necessidade de Leão de comandar, mas isso pode pesar depois. É melhor não esperar muito dessa paquera.
PEIXES E VIRGEM	Peixes é capaz de tocar profundamente o coração virginiano, mas, nem sempre a conquista segue adiante. É que Virgem encara a vida de forma realista e Peixes adora sonhar.
PEIXES E LIBRA	Há respeito, carinho e romantismo nessa combinação, o que pode render um romance. Porém, Libra peca pela indecisão e sua falta de atitude pode acabar complicando as coisas.
PEIXES E ESCORPIÃO	Peixes é o *paraíso astral* de Escorpião e, juntos, formam uma combinação excelente! Como Peixes sabe lidar bem com a possessividade escorpiana, a conquista pode vingar.
PEIXES E SAGITÁRIO	Sagitário tem o poder de seduzir Peixes, porque é um signo alegre e apaixonado pela vida. Se o par pisciano concordar em se entregar às emoções, o jogo da sedução será um sucesso!
PEIXES E CAPRICÓRNIO	Ainda que tenham jeitos de ser diferentes, rola um interesse entre vocês dois. É que o par capricorniano irá oferecer a estabilidade emocional que Peixes deseja.
PEIXES E AQUÁRIO	É difícil essa conquista decolar... É que Aquário é imprevisível, o que deixa o coração de Peixes apreensivo e magoado. Só com muita boa vontade para dar certo.
PEIXES E PEIXES	Essa combinação é repleta de emoção, ternura e sintonia. Há muita troca de carinho entre esses xarás astrais, que, juntos, encontram tudo o que esperam em um romance.

PEIXES E O ROMANCE

Aquela história de que cada um deve ter sua vida e cuidar das suas coisas sozinho não faz o menor sentido para o seu signo. Você acredita que o namoro existe para que as pessoas possam compartilhar as suas alegrias, tristezas, vitórias, preocupações e ficar juntas o tempo todo! E, quando isso não acontece, fica carente, perde a fé na união e a tristeza toma conta do seu astral.

Seu signo tende a se casar cedo e, muitas vezes, com a primeira pessoa por quem se apaixona, achando que ela é a sua cara-metade. Você faz o possível para manter o amor sempre vivo e se esforça para cultivar um relacionamento cheio de felicidade.

O pisciano é muito leal ao par e acredita que o casamento deve durar a vida toda. Por isso, se as coisas não estão indo bem, costuma não querer enxergar os problemas, por mais que a outra pessoa insista em resolver esse assunto.

Tentar tampar o sol com a peneira é uma clássica fuga pisciana...

E SE CHEGAR AO FIM?

Se o relacionamento começar a dar sinais de desgaste, com certeza, você irá até o fim do mundo para tentar reverter isso. É que a separação machuca pra valer seu coração, pois representa a destruição de um ideal. Porém, se a situação ficar insustentável, você se afasta e vai cuidar da sua dor. Para se curar, só mesmo uma nova paixão.

PEIXES E A INFIDELIDADE

Não é da natureza do seu signo cometer uma traição. Como valoriza muito sua cara-metade, não vê motivos para procurar outros pares por aí. Agora, quando é vítima de infidelidade, Peixes sofre bastante, mas dificilmente vai querer vingança. Após a descoberta, prefere ficar na sua para digerir o que aconteceu, chorar e se lamentar. Depois segue o baile!

COMBINAÇÕES NO ROMANCE

PEIXES E ÁRIES	Só o poder do amor para anular as diferenças nessa combinação. É que Áries tem um jeito bastante direto de dizer as coisas, o que pode magoar o par pisciano. Precisam se adaptar!
PEIXES E TOURO	No dia a dia, um atende aos anseios do outro e, juntos, são muito felizes! Touro oferece carinho e atenção a Peixes, que aprende a lidar com a possessividade e teimosia taurinas.
PEIXES E GÊMEOS	Não é fácil para Peixes acompanhar o pique de Gêmeos, uma vez que o par geminiano precisa de liberdade, o que se choca com a necessidade de atenção pisciana.
PEIXES E CÂNCER	Total conexão na união entre Peixes e Câncer! Esperam uma explosão de alegria e prazer. É o típico relacionamento que promete fazer esses dois signos muito felizes.
PEIXES E LEÃO	Peixes idealiza muito na paixão e é bastante sensível, o que se choca com a personalidade forte de Leão. Por isso, os problemas aparecem e ameaçam a relação.
PEIXES E VIRGEM	Os signos de Peixes e Virgem têm naturezas emocionais e anseios diferentes, o que pode complicar o futuro do romance. Devem ter paciência e se ajustar para o amor brilhar.
PEIXES E LIBRA	Peixes precisa que alguém o puxe de volta para a realidade, coisa que Libra não consegue fazer, pois também vive sonhando. Para dar certo, precisam lutar por esse romance.
PEIXES E ESCORPIÃO	Vocês foram feitos um para o outro e há muita empatia, paixão e emoção no convívio conjugal. Escorpião gosta de dominar e Peixes ama ser conduzido.
PEIXES E SAGITÁRIO	Em um relacionamento sério, o convívio pode ser um pouco mais difícil. É que Sagitário preza a liberdade que possui e não tolera exigências. Peixes precisa se controlar.
PEIXES E CAPRICÓRNIO	A relação promete ser harmoniosa, valeu? Capricórnio ajuda Peixes a ser mais realista, enquanto o par pisciano abre o coração capricorniano para os segredos do amor.
PEIXES E AQUÁRIO	A falta de sintonia pode marcar a convivência, já que Aquário é o *inferno astral* de Peixes. O par aquariano acaba não correspondendo às necessidades afetivas do par pisciano.
PEIXES E PEIXES	Vocês são carinhosos, doces e fazem qualquer sacrifício em nome da felicidade de quem amam. Por isso, a união entre esses xarás tem tudo para ser bastante feliz e duradoura!

PEIXES E O SEXO

Para o seu signo, não existe sexo sem amor. Sua realização na cama só é completa quando você tem ao seu lado alguém que desperta fortes sentimentos em seu coração. Encara a intimidade como uma extensão dos seus sentimentos e se esforça para atender às expectativas de quem ama, com verdadeira devoção.

Nos momentos íntimos, presta atenção em cada reação do seu par, e faz o possível para lhe oferecer o máximo de prazer. Você tem desejos ardentes e bastante pique para colocar as suas fantasias em prática, quase sempre mergulhadas no romantismo!

Além disso, costuma inventar mil maneiras de incrementar as transas, mas, claro, tudo com direito a muito carinho. Seu signo também adora quando a outra pessoa toma a iniciativa na arte da sedução — nessa hora, você se joga de cabeça e entra nesse jogo com muita sede de amor.

TOQUE QUENTE

Não é raro você imaginar o par como um príncipe ou princesa encantado(a) e dar às fantasias um ar de conto de fadas. Mas a realidade pode (e muito!) ser tão boa quanto sua imaginação. Por isso, encha suas noites de toques românticos e coloque em prática suas fantasiais sexuais. Abuse de seus sentimentos e de sua sensualidade para curtir cada suspiro do seu amor na hora H!

NO MUNDO DAS FANTASIAS

O que acende o tesão pisciano é transar na água. Se não for possível descolar uma praia deserta, vale uma banheira. Fazer amor na chuva é uma vontade comum para o seu signo, pois essa possibilidade mistura dois elementos indispensáveis para o prazer: romantismo e erotismo. Além disso, você curte colocar em prática suas fantasias sexuais, como transar em um lugar paradisíaco, e ama carinhos na barriga, costas, mamilos, pernas e pés.

COMBINAÇÕES NO SEXO

PEIXES E ÁRIES	Há muita química entre vocês e, na cama, as coisas são mais fáceis do que no romance. O jeito fogoso de Áries deixa Peixes mais a fim de se entregar. Aproveitem, valeu?
PEIXES E TOURO	Na intimidade, Peixes revela todo o seu erotismo, deixando Touro completamente fascinado. Em troca, o par taurino oferece paixão, carícias especiais e romantismo.
PEIXES E GÊMEOS	O entrosamento no rala e rola vai depender de como a pessoa de Peixes encara o sexo: se deixar a relação fluir espontaneamente, os desejos não vão esfriar tão cedo, tá?
PEIXES E CÂNCER	Vocês são sensíveis, adoram afagos e se doam na intimidade. Mesmo Peixes tendo mais pique do que Câncer, acaba conseguindo contagiar o par, que se entusiasma mais.
PEIXES E LEÃO	A sintonia sexual é garantida nessa combinação! Os dois signos têm disposição de sobra e Peixes gosta de elogiar a performance de Leão na cama, o que agrada e excita demais.
PEIXES E VIRGEM	Entre vocês, o astral na intimidade é melhor do que no convívio diário. Mas Peixes precisa incentivar o par de Virgem a se soltar mais, além de atender às expectativas virginianas.
PEIXES E LIBRA	Libra é o signo que mais seduz e envolve Peixes e isso faz do sexo o ponto alto dessa combinação. O par pisciano deve abusar da sua imaginação ao lado de Libra.
PEIXES E ESCORPIÃO	Prazer total no sexo! Escorpião é um signo muito ardente na cama e deixa os desejos piscianos em brasa com a vitalidade e o tesão que possui. Juntos, dão um show!
PEIXES E SAGITÁRIO	Sensualidade é o que não falta quando vocês se encontram, por isso os momentos íntimos são recheados de muito prazer. Peixes embarca nas fantasias de Sagitário.
PEIXES E CAPRICÓRNIO	Entendem-se perfeitamente no ninho de amor. O jeito meigo, romântico e atencioso de Peixes deixa Capricórnio mais aberto para amar. Rolam afeto e segurança.
PEIXES E AQUÁRIO	Aquário sabe estimular o erotismo de Peixes, pois tem ideias originais e excitantes. Cabe ao par pisciano fortalecer a autoconfiança para não se sentir tão carente na intimidade.
PEIXES E PEIXES	Os dois são carinhosos, generosos e se preocupam com a satisfação total um do outro. Como se sentem muito à vontade juntos, não encontram limites para o prazer.

PEIXES E AS AMIZADES

As pessoas que convivem com você não podem reclamar de falta de carinho, porque o seu signo é um dos mais afetuosos do Zodíaco. No fundo, você age com os outros como gostaria que eles agissem com você. Adora reunir os amigos e não se importa de acordar no meio da madrugada para ouvir um desabafo de um grande companheiro — é que a compreensão é uma de suas características mais marcantes. As suas relações de amizade são duradouras e baseadas na confiança dos dois lados.

Peixes é o maior ombro amigo do Zodíaco e conquistar essa amizade é um presente para a vida toda! Esse signo é carinhoso, compreensivo e paciente. Tem muita sensibilidade para entender os dramas humanos, graças à sua aflorada sensibilidade.

Mas tem um detalhe: você gosta demais de ficar em casa, curtindo o conforto do seu lar. Por isso, pode acabar inventando uma mentirinha (tipo um resfriado!) para não ir a uma festa ou balada. É que seu programa preferido é uma reunião na sua casa ou na de um amigo.

FELIZ ANIVERSÁRIO

Seu signo não é do tipo que investe em um festão para comemorar o aniversário. Prefere reunir o pessoal em casa mesmo, com direito a boa música, comidas e bebidas gostosas. Chamar as pessoas queridas para ir a um barzinho aconchegante também é uma boa opção. Mais uma: descer para o litoral e acampar em uma praia deserta com a turma: será seu melhor presente!

E A PEDRA NO SAPATO?

O que você pensa daquele tipo de amigo meio desapegado, que prefere se divertir sozinho em vez de combinar algo com os colegas? Pois é, você não bate muito com a pessoa de Aquário, não é mesmo? Como você é bastante dedicado à turma, pode acabar se estranhando com esse signo, que é seu *inferno astral*.

COMBINAÇÕES NAS AMIZADES

PEIXES E ÁRIES	Como Peixes é o *inferno astral* de Áries, pode rolar desconfiança. Além disso, a sinceridade ariana é capaz de magoar o amigo pisciano. Vão precisar de tato para se entenderem.
PEIXES E TOURO	Touro é um dos melhores signos para se tornar amigo de Peixes. Isso porque o amigo taurino apoia os sonhos do amigo pisciano e entende seus anseios. Essa parceria tem tudo para vingar!
PEIXES E GÊMEOS	Altos e baixos sempre dão as caras entre vocês. Para tudo correr bem, o amigo de Peixes não pode esperar que Gêmeos seja tão carinhoso e atencioso quanto ele.
PEIXES E CÂNCER	Sabe aquela camaradagem nota dez? Com certeza, é essa! O amigo canceriano é um doce de pessoa e, assim como Peixes, busca amizades que façam diferença em sua vida.
PEIXES E LEÃO	Leão consegue cativar Peixes com seu forte carisma. Porém, pode nem sempre estar por perto quando o amigo pisciano precisar.
PEIXES E VIRGEM	O virginiano é um amigo leal e está sempre presente na vida de seus colegas. Mas, como não costuma esconder o que pensa, pode acabar magoando Peixes. Tenham paciência, valeu?
PEIXES E LIBRA	O afeto é grande e a amizade pode dar certo. Mas, para passarem longe de intrigas, é melhor Peixes não cobrar tanto a presença de Libra nem se mostrar dependente dele.
PEIXES E ESCORPIÃO	Como esses signos pertencem ao elemento Água, têm um jeito parecido de ver a vida e se comportar. Além disso, são leais e compartilham fortes laços de afeto. Parceria maravilhosa!
PEIXES E SAGITÁRIO	Sagitário é um signo superanimado e adora se aventurar com os amigos. Mas nem sempre esses programas atendem às expectativas do amigo pisciano, que é mais calmo e sensível.
PEIXES E CAPRICÓRNIO	Essa relação de amizade faz muito bem para esses signos. O amigo capricorniano é bastante dedicado, leal e preenche os anseios piscianos. Têm tudo para se dar bem, sim!
PEIXES E AQUÁRIO	Aquário é um signo meio rebelde, que só faz o que quer. Já Peixes é mais dedicado aos amigos. Para essa dobradinha vingar, vão precisar apostar no desapego e na descontração.
PEIXES E PEIXES	A relação entre esses xarás astrais é bastante harmoniosa e a sensibilidade de vocês abre as portas para uma união fraterna especial. Juntos, se entendem e trocam várias experiências.

PEIXES E O TRABALHO

Sua profissão não pode ir contra seus ideais, pois sua maior riqueza são os seus sonhos. Quando tem a chance de escolher uma carreira, não faz isso pelo salário que ela oferece, mas, sim, pela possibilidade de se realizar. Um emprego carregado de pressões, em que você precisa buscar resultados financeiros o tempo todo, não combina com o seu signo, que precisa de paz para explorar seus talentos e deixar fluir sua imaginação.

No ambiente profissional, você costuma se dar bem com os colegas. Sempre se coloca à disposição de quem está chegando e respeita os mais experientes, com quem aprende lições valiosas. Mas deve ter cuidado para não absorver os problemas dos outros, ok?

Outro ponto que merece atenção é sua fé incondicional nas pessoas. Por ter um grande coração, você costuma se apegar rapidamente e depositar total confiança nelas. Cuidado com a ingenuidade: não permita que abusem da sua bondade, tá?

RELAÇÃO COM DINHEIRO

Organizar extratos, registrar as despesas da semana, saber exatamente quanto e onde gastou seu dinheiro: decididamente esse não é o seu forte. É que você é uma pessoa desligada e não consegue administrar com pulso firme as suas finanças. Com isso, corre o risco de ficar com o saldo no vermelho, mas, de repente, descobre uma nova fonte de renda, como vender seu artesanato.

PROFISSÕES INDICADAS

Atividades artísticas são excelentes para seu signo, além de carreiras que envolvem contato com o público: recursos humanos, serviço social, psicologia e terapias alternativas. Você pode ser dar bem com moda, pesca, fotografia, produção musical e de vídeo. Também terá sucesso ao vender perfumes ou bebidas, atuar em circo ou companhia teatral.

COMBINAÇÕES NO TRABALHO

PEIXES E ÁRIES	Os ritmos desses signos são diferentes e é preciso ter uma boa dose de paciência para a parceria se firmar. Peixes não deve encarar o jeito ativo de Áries como uma afronta, ok?
PEIXES E TOURO	Peixes recebe de Touro todo o apoio de que precisa para explorar sua imaginação. Só não deve ficar no mundo da lua quando tiverem uma porção de tarefas para finalizar.
PEIXES E GÊMEOS	Na vida profissional, a combinação entre vocês é positiva. Gêmeos incentiva as ideias piscianas e coopera com o colega. Peixes encontra nesse parceiro bastante estímulo.
PEIXES E CÂNCER	Além de aplaudir os talentos de Peixes, o colega canceriano é prestativo e não hesita em estender a mão. Vocês são sensíveis e habilidosos. A combinação promete vingar!
PEIXES E LEÃO	Leão é do tipo mandão e, se tiver atitudes ou críticas injustas, pode arranhar a sintonia. Embora Peixes tenha um jeito pacífico, esse signo não gosta de sofrer pressão no serviço.
PEIXES E VIRGEM	O jeito disciplinado de Virgem é um ótimo empurrão para Peixes ordenar a sua criatividade no trabalho e conduzir as tarefas. Juntos, podem render acima da média.
PEIXES E LIBRA	Libra enxerga Peixes com bons olhos e há muita troca de gentilezas, apoio e criatividade nessa dupla. Mas os dois são pouco práticos e objetivos — precisam se ligar, ok?
PEIXES E ESCORPIÃO	Vocês são regidos pelo mesmo elemento, a Água, e isso ajuda a se entenderem no trabalho. O colega de Peixes pode contar com o lado perspicaz e batalhador de Escorpião.
PEIXES E SAGITÁRIO	No começo, vocês podem se estranhar. Mas, como Sagitário é ativo, otimista e ensina a pessoa de Peixes a ser mais confiante, vocês podem se dar bem no ambiente profissional.
PEIXES E CAPRICÓRNIO	Capricórnio é responsável, organizado e luta pelo que quer, por isso se torna um grande aliado de Peixes. O colega pisciano só não deve levar as cobranças para o lado pessoal.
PEIXES E AQUÁRIO	Peixes e Aquário são criativos e talentosos, mas devem somar forças e deixar pequenos conflitos de lado, apostando na conversa e na boa vontade para essa parceria prosperar.
PEIXES E PEIXES	A conexão, o espírito de solidariedade e a imaginação estão presentes na combinação entre esses xarás astrais. Mas precisam ter cuidado para não tirar os pés da realidade.

Primeira edição (fevereiro/2021)
Papel de Capa Cartão Triplex 250g
Papel de Miolo Offset 70g
Tipografias Chronicle Text G1 e Geomanist
Gráfica LIS